Helmut Fischer
Wie die Engel zu uns kommen

T0153758

T V Z

Helmut Fischer

Wie die Engel zu uns kommen

Herkunft, Vorstellung
und Darstellung der Engel im Christentum

Theologischer Verlag Zürich

Bibliografische Informationen der Deutschen Nationalbibliothek
Die Deutsche Nationalbibliothek verzeichnet diese Publikation
in der Deutschen Nationalbibliografie; detaillierte bibliografische
Daten sind im Internet über http://dnb.d-nb.de abrufbar.

Umschlaggestaltung:
Simone Ackermann, Zürich
unter Verwendung von »Serafim und Kerubim; Deckenmosaik aus
dem Dom von Cefalù/Sizilien, 12. Jahrhundert«
© akg-images

Bibelzitate nach: Zürcher Bibel (2007)
© 2007 Zürcher Bibel/Theologischer Verlag Zürich

Druck:
ROSCH-BUCH GmbH, Scheßlitz

ISBN 978-3-290-17677-8

© 2012 Theologischer Verlag Zürich
www.tvz-verlag.ch

Inhaltsverzeichnis

1 Engel – ein buntes Völkchen

1.1 Ein Wort – viele Bedeutungen

Machen Sie den Versuch! Fragen Sie Ihre Freunde und Bekannten, was sie sich unter einem Engel vorstellen. Es wird sich zeigen, dass Ihnen so viele und so unterschiedliche Engelvorstellungen begegnen werden, wie Sie Freunde und Bekannte haben. »Engel« ist ein Wort für vieles oder auch für gar nichts. Der eine deutet sein Leben im Licht einer Engelbotschaft; für den anderen ist »Engel« ein reines Hirngespinst. Für diesen mag das Wort »Engel« tiefe Gedanken über Gott und das eigene Leben auslösen; für jenen ruft es nur Geistergeschichten auf. Zum Thema Engel scheint jeder seine eigene Wahrheit zu haben.

1.2 Engelvorstellungen – ein allgemein-menschliches Phänomen

Das gilt auch für die vielen Religionen in Geschichte und Gegenwart. Der Alttestamentler Claus Westmann geht noch weiter. Er stellt fest: »Die Engel sind älter als alle Religionen und sie kommen auch noch zu den Menschen, die von Religion nichts mehr wissen wollen.« Engelvorstellungen sind offenbar eine allgemein-menschliche Vorstellungsform, und zwar vor, innerhalb und auch jenseits aller Religionen. Sie spielen überall dort eine Rolle, wo sich der Mensch mit der Welt und mit sich selbst auseinanderzusetzen beginnt und sich zu seiner Umwelt und zu anderen Lebewesen ins Verhältnis setzt. Nicht zufällig enthielten auch die philosophischen Entwürfe von der griechischen Antike bis zur europäischen Aufklärung im 18. Jahrhundert Gedanken oder Lehren über Engel, und zwar als Teil der speziellen Metaphysik. Engel sind also kein Spezifikum des christlichen Glaubens, ja sie sind noch nicht einmal ein Wesenselement des christlichen Glaubens. Diese letzte These kann erst durch den folgenden Text begründet werden.

1.3 Die Wurzeln unserer Engelvorstellungen

Unsere Engelvorstellungen haben wir uns nicht selbst ausgedacht. Sie sind uns gleichsam zugeflogen, und zwar aus älteren Kulturen und Religionen. Sie sind jedem von uns im Lauf der eigenen Lebensgeschichte zugeflogen: zum einen durch die religiöse Erziehung, die in den Konfessionen dazu sehr Unterschiedliches vermittelt; zum anderen durch die Engelbilder, denen wir in Wohnungen und in unseren Kinderbüchern begegnet sind; schließlich durch unsere persönliche Bildung in Religions- und Kunstgeschichte. So finden wir in unseren unterschiedlichen Engelvorstellungen einerseits kulturelle Ähnlichkeiten, andererseits aber auch individuelle Ausprägungen.

2 Vorläufer von Engeln in der Religionsgeschichte

2.1 Engel als Vorstellungen

Alle unsere Vorstellungen sind menschliche Vorstellungen. Als menschliche Vorstellungen sind sie im Lauf der kulturellen Entwicklung geschichtlich geworden und deshalb auch geschichtlich bedingt. Geschichtlich Gewordenes versteht man am besten, wenn man versteht, *wie* es geworden ist.

2.2 Vorstellungen und historische Fakten

Nach den Engelvorstellungen in unserer religiösen Kultur sind Engel eine Art Verbindungsglied zwischen Gott oder einer jenseitigen Macht und dem Menschen. Engel gehören zur jenseitigen Welt Gottes und damit zur Welt des Ewigen, die der Schöpfung als der Welt des irdisch Vergänglichen gegenübersteht.

Die Religionswissenschaft sagt uns allerdings, dass der Gedanke eines jenseitigen Gottes noch recht jung ist und dass der Gott, den wir als den ewigen Gott jenseits aller Räume und Zeiten verstehen, in der Religionsgeschichte (nach van der Leeuw) ein »Spätling« ist.

Die Götter der alten Griechen hatten ihren Sitz auf dem Olymp, der mit 2911 Metern höchsten Erhebung Griechenlands. Das ist zwar räumlich gesehen hoch über dem bewohnten Land, aber noch innerhalb unserer Welt. Die Hauptgötter Mesopotamiens wohnten in den Gestirnen, im Luftbereich oder im Wasser, also ebenfalls innerhalb und nicht jenseits des Kosmos. Der Gedanke eines jenseitigen Gottes tauchte erst vor etwa 2500 Jahren auf. Davon wird noch die Rede sein.

2.3 Menschheitsgeschichte und Gottesgeschichte

Es lässt sich kein präziser Zeitpunkt benennen, der uns sagt, seit wann der Mensch in dem Sinne Mensch war, dass er sich als ein eigenständiges Wesen erkannte und in der Lage war, sich geistig mit seiner Umwelt auseinanderzusetzen. Nehmen wir an, der Homo habilis, der vor etwa 2,5 Millionen Jahren auftauchte und bereits Steine und Hölzer als einfache Werkzeuge benutzte, wäre zu dieser geistigen Auseinandersetzung mit seiner Welt bereits in der Lage gewesen. Gemessen an dieser 2,5 Millionen Jahre langen Geschichte des Menschen wäre der Gedanke eines jenseitigen Gottes erst im letzten Tausendstel seiner Entwicklungsgeschichte erstmals aufgetreten. Lassen wir die Religionsgeschichte erst mit dem Homo sapiens beginnen, also vor 30 000 bis 25 000 Jahren, so taucht der konsequent monotheistische Gottesgedanke erst im letzten Zehntel der Religionsgeschichte auf.

2.4 Die Anfänge waren götterlos

Am Beginn der Religionsgeschichte standen weder Götter noch gar ein einziger jenseitiger Gott, sondern war nur die unverfügbare Natur, die der Mensch als ein Geflecht von übermächtigen Wirkkräften erlebte: als Hell und Dunkel, als Hitze und Kälte, als Trockenheit und Nässe, als Sturm und Ruhe, als Jahreszeiten, als Wachsen und Vergehen, als Nahrung und Hunger, als ein Gegenüber voller Gefahren. Dieses unverfügbare und undurchschaubare Gegenüber wurde so unmittelbar erfahren, dass dazu keinerlei Vermittlergestalten nötig waren. Vermittlergestalten sind erst auf einer Entwicklungsstufe erforderlich, auf der Götter als ferne Gestalten oder gar als einziger jenseitiger Gott gedacht werden.

2.5 Die Urahnen unserer Engel

Die Götter im alten Mesopotamien, der Wiege unserer Kultur, waren den Menschen noch so nahe, dass man mehr als 500 Götter mit Namen kannte. Die Götterwelt war hierarchisch gegliedert. Es gab einige höhere Götter und viele niedere, die den höheren dienten. Diese niederen, dienenden Götter kann man bereits als die Urahnen unserer Engel verstehen. Ihr Dienst vollzog sich freilich innerhalb der Götterwelt und hatte noch keine vermittelnde Funktion hin zu den Menschen.

Engel als vermittelnde Zwischenwesen begegnen uns erst in den monotheistischen Religionen, also im Judentum, im Christentum und im Islam. Erst ein jenseitiger Gott, der seiner Schöpfung gegenübersteht, braucht Geistwesen, die zwischen ihm und den Menschen vermitteln.

3 Die Engel in der Religion des Zoroaster

3.1 Erste Schritte zum Monotheismus

Zoroaster/Zarathustra reformierte um 600 v. Chr. die altiranische Religion, indem er den altiranischen Polytheismus (Glauben an mehrere Götter) in die Richtung eines Monotheismus (Glauben an einen einzigen Gott) weiterentwickelte. Er lehrte, dass ein höchster und guter Gott, Ahura Mazda (allwissender Herr), Erde und Himmel geschaffen habe, dazu auch die Welt der Wahrheit und des Lichts, die Welt der Geister und auch den Urmenschen, der als Hirte in einem urzeitlichen Paradies lebte. Als endzeitlicher Richter belohnt Ahura Mazda das Gute und bestraft das Böse. Bei alledem steht ihm ein Heer von Helfern in der Gestalt von Engeln zur Seite.

Diesem göttlichen Prinzip des Guten steht das Prinzip des Bösen gegenüber, personifiziert in dem Gegengott Ahriman. Auch er verfügt über ein organisiertes Reich, freilich eines von bösen Geistern.

3.2 Der Mensch als Kampfplatz guter und böser Geister

Der von Ahura Mazda geschaffene Urmensch, der im Paradies weder Alter noch Tod kannte, gerät durch eine Lüge in die Sünde und wird sterblich. Die heiligen und guten Geister des Ahura Mazda und die bösen Geister der Finsternis des Ahriman kämpfen fortan um den Menschen, der sich zwischen den beiden Prinzipien entscheiden muss. Aus dem mesopotamischen Sagenfundus hat Zoroaster auch die Geschichte vom Bau der Arche und der Sintflut übernommen, die uns später in Genesis 4–6 begegnet.

3.3 Persönliche Schutzgeister

Außer den helfenden Geistern des guten und des bösen Gottes hat nach dem Glauben des Zoroaster jeder Mensch von Geburt an einen persönlichen himmlischen Schutzgeist (Fravashi), mit dem er sich nach seinem Tod vereinigt. Überirdische Seelenbegleiter des Menschen begegnen uns auch in anderen Religionen. Nach altägyptischen Vorstellungen erhält jeder Mensch einen Ka, eine Art

Doppelgänger seiner unsterblichen Seele. Die altgriechische Religion kennt den persönlichen Daimon als persönlichen Schutzgeist. In der spätrömischen Religion gelten der Genius für den Mann und die Juno für die Frau als persönliche Schutzgeister. Der Gedanke der Schutzgeister weitet sich auch zu der Vorstellung eines Schutzgeistes für ein ganzes Volk oder für einen Ort aus und lebt bis heute in den Vorstellungen von persönlichen Schutzengeln und von Schutzengeln für Völker und Städte fort. Diese Seelenbegleiter wurden in der altgriechischen und in der persischen Religion mit Seelenfesten kultisch verehrt. Im Allerseelenfest des westlichen Katholizismus, das seit 1006 am 2. November gefeiert wird, sind die persischen Seelenfeste samt vielen alten Bräuchen lebendig geblieben.

3.4 Himmlische Helfer im Endgericht und danach

Die Religion des Zoroaster, die ein strenges Ethos enthält, lehrt, dass es für die Taten des Menschen nicht nur eine irdische, sondern auch eine endzeitliche Vergeltung in einem Endgericht gibt. Bei dessen Vollzug spielen ebenfalls himmlische Geistwesen eine wichtige Rolle. Sie blasen die letzte Posaune zum Endgericht, sie beaufsichtigen die Totenwaage und sie sind auch im Fegefeuer tätig, einem Zwischenreich, in dem nach dem Tod darüber entschieden wird, ob der Verstorbene in das endzeitliche Paradies eingeht oder in die ewige Hölle abstürzen muss.

Diese wenigen, aber wesentlichen Elemente der Religion des Zoroaster wurden deshalb skizziert, weil sie auf die Ausformung des jüdischen Engelglaubens und damit auch auf das Engelverständnis des Christentums einen prägenden Einfluss hatten. Dieses soll im Zusammenhang der Geschichte Israels dargestellt werden.

4 Israel von den Anfängen bis zum Judentum

In der Frühzeit Israels spielten Engel kaum eine Rolle. Der folgende Überblick über die Geschichte Israels soll zeigen, wann und warum die Engel zu einem notwendigen Element innerhalb der Jahwe-Religion wurden.

4.1 Die vorstaatliche Zeit Israels

Das Volk Israel ist keine vorgegebene, sondern eine in der Geschichte gewordene Größe. Das Schicksal Israels ist weitgehend von seiner geopolitischen Lage im politischen und religiösen Kräftefeld zwischen Ägypten und Mesopotamien abhängig. Unterschiedliche halbnomadische Sippen, die in der Zeit zwischen 1250 und 1000 v. Chr. in das Land Kanaan einsickerten, fanden hier zu einer religiösen Einheit zusammen. Diese »Landnahme« vollzog sich in den Anfängen friedlich und allmählich. Zu kriegerischen Auseinandersetzungen mit der kanaanäischen Urbevölkerung in den fruchtbaren Ebenen und Städten kam es erst in der Endphase dieses Prozesses.

4.2 Die Religion Israels in vorstaatlicher Zeit

Über die Religion der Sippen, die sich in Kanaan zusammenfanden, wissen wir wenig. Deutlich ist nur, dass die Götter der im Lande wohnenden Kanaanäer ortsgebundene Naturgottheiten waren. Die Götter der vorisraelitischen Halbnomadenstämme waren hingegen an keinen Ort, sondern an die Gemeinschaft ihrer Verehrer gebunden. Woher der spätere gemeinsame Gott Jahwe stammt, welche Gruppe ihn verehrte, auf welche Weise er zum Gott Israels aufstieg und welche Rolle Mose dabei spielte, war historisch bisher nicht eindeutig zu ermitteln.

Der ursprüngliche Gottesname, den die verschiedenen Stämme mitbrachten, lautete »El«. Darauf weist auch die Selbstbezeichnung »jisra-el« (El streitet) hin. El war wohl keine von allen verehrte personale Gottheit, sondern ein Sammelbegriff für unterschiedliche El-Gottheiten, die man in Quellen, Bäumen, Steinen und Himmelserscheinungen gegenwärtig sah. Zur religiösen Identifikationsgottheit für Israel wurde später jener Gott Jahwe, über dessen Herkunft wir so wenig wissen. Jahwe ist zunächst noch kein kosmischer und höchster Gott, sondern der Gott des Volkes Israel, so wie Baal der Gott der Kanaanäer ist. Die Bindung eines Volkes an nur einen Gott ist noch kein Monotheismus im Sinne der Verehrung eines einzigen und höchsten Gottes, sondern erst Henotheismus (*hen*/einer und *theós*/Gott). Das ist ein Glaube, der die Gottheiten der anderen Völker anerkennt, diese Götter achtet und für den eigenen Gott keinen Exklusivanspruch auf Vorrang erhebt.

4.3 Israels Staatwerdung und die Rolle Jahwes

Ein Staat Israel kam erst durch David um 1000 v. Chr. zustande. Als Anführer einer Freischar ließ er sich zum König von Juda (Südstämme) ausrufen. Mit seinen Freischärlern eroberte er die kanaanäische Stadt Jerusalem, die zwischen den Süd- und den Nordstämmen lag und bisher in der Hand der Jebusiter war. So stellte er die räumliche Verbindung der Südstämme zu den Nordstämmen her, die er neben noch weiteren Gebieten in sein Reich eingliederte. Sein Sohn Salomon erweiterte die Hauptstadt und errichtete einen prächtigen Königspalast und einen Tempel als Staatsheiligtum. Damit erhielt Jahwe eine zentrale Rolle im politischen Symbolsystem des Volkes. Jahwe wurde zur religiös-politischen Identifikationsfigur für das Reich Israel. Die Zugehörigkeit zum Volk Israel drückte sich jetzt als Zugehörigkeit zu Jahwe aus – und umgekehrt. Jahwe war Staatsgott geworden. Er wohnte im Tempel von Jerusalem und der König galt nach altorientalischer Vorstellung als der Sohn Gottes. Dieser Sohn wohnte seit Salomo in einem prächtigen Palast und damit fernab vom Volk. Mit dem König rückte auch Gott in eine unzugängliche Ferne.

4.4 Das Reich zerfällt

Mit Salomos Tod 926 v. Chr. zerfiel das Großreich Israel in ein Nordreich (mit Namen Israel) und in ein Südreich, Juda, zu dem auch Jerusalem gehörte. Das Nordreich gründete eine eigene Königslinie. In der geopolitischen Lage Palästinas war die Bildung eines Staates ohnehin nur in einer Schwächephase der Großmächte

Ägypten und Assyrien/Babylonien möglich geworden. Die Lebensdauer dieser Staaten war absehbar begrenzt. Sie währte immerhin etwa 200 Jahre. 733 v. Chr. wurde das Südreich Juda zum tributpflichtigen Vasallenstaat der Assyrer, durfte aber sein Königtum behalten. 722 v. Chr. wurde nach einem Aufstand das Nordreich Israel eine assyrische Provinz und verlor seine Königslinie. Juda konnte in einer erneuten Schwächephase der Großmächte unter König Joschija 639–608 v. Chr. noch eine kurze Blüte erleben. Mit dem Tod Joschijas endete auch die staatliche Selbstständigkeit Judas.

Die Babylonier hatten 605 v. Chr. in der Schlacht bei Karkemisch die Machtansprüche Ägyptens abgewehrt und Juda tributpflichtig gemacht. Ein Teil der judäischen Oberschicht wurde 598 v. Chr. nach Babylonien deportiert. Nach einem erneuten Aufstand der Judäer wurde Jerusalem 586 v. Chr. von den Babyloniern erneut erobert und zerstört. Weitere Teile der Bevölkerung mussten in das babylonische Exil. Unter ihnen war auch der Prophet Ezechiel. Die Exilierten durften zwar ihrer Religion nachgehen, hatten aber keinen Tempel. In dieser Situation wurden die Beschneidung und das Einhalten der Sabbatgebote zu Identität stiftenden Elementen des jüdischen Glaubens.

Im Jahr 539 v. Chr. besiegten die Perser die Babylonier und übernahmen deren Herrschaft über die unterworfenen Völker. Die Perser setzten allerdings nicht nur auf Unterwerfung; sie suchten die Völker auch mit ihrer religiösen Identität als Verbündete zu gewinnen. So entließen sie bereits 538 die Juden aus ihrem Exil und förderten sogar finanziell den Wiederaufbau ihres Tempels in Jerusalem. Von historischer Bedeutung war die von den Persern anerkannte Neufassung des Rechtsstatus der Juden aus Juda und Israel. Ihre Identität wurde ab jetzt nicht mehr durch die Zugehörigkeit zu einem Staat begründet. Sie galten nun als Juden, sofern sie jüdischer Herkunft waren und sich zu einer nunmehr anerkannten eigenständigen Religionsgemeinschaft bekannten. Mit dem Ende des Exils beginnt religionsgeschichtlich das Judentum.

4.5 Die religiöse Bedeutung von Exil und Perserzeit

Die Zeit des Exils und die Jahre danach markieren nicht nur einen tiefgreifenden Umbruch in der Religion Israels; sie kennzeichnen auch in der Religionsgeschichte den entscheidenden Schritt zum Monotheismus. Das Exil hatte die Deportierten nicht nur in einen intensiven Kontakt mit den Religionen des Zweistromlandes gebracht. Es hatte die Juden auch dazu genötigt, die Frage nach ihrer religiösen Identität und nach ihrem Gott angesichts ihrer staatlichen Katastrophe neu zu klären. Das war dringend nötig, denn nach herkömmlichem Denken bedeutete der Sieg der Babylonier über die Staaten Juda und Israel auch die Überlegenheit der babylonischen Götter über Jahwe, den Gott der Juden.

In ihrer tiefsten Erniedrigung erschloss sich den Gedemütigten ihr Gott Jahwe in einer neuen Dimension. Sie erkannten, dass Jahwe nicht als der allein für Israel zuständige Gott zu verstehen sei, sondern als der Gott aller Völker, ja als der Gott des gesamten Kosmos. In dieser Sicht verstanden sie ihr Schicksal nicht mehr als die Niederlage ihres Gottes; sie lernten den Untergang ihrer Staaten und ihr Los als Exilierte als eine Strafe zu verstehen, die Jahwe ihnen auferlegt hatte, weil sie seinen Bund gebrochen und sich anderen Göttern zugewendet hatten. Sie verstanden, dass es Jahwe war, der die fremden Völker als strafende Mächte gegen das treulose Israel aufgeboten hatte. Jahwe hatte sich damit nicht als der Verlierer, sondern als der Herr über alle Völker und deren Götter erwiesen, nämlich als der eine und einzige Gott.

Der Prophet Ezechiel interpretierte die Geschichte Israels als eine Geschichte des Götzendienstes und des Abfalls von Jahwe und verglich Israel mit einer treulosen Frau (Ez 14; 16; 23). Deuterojesaja, ebenfalls ein Prophet des Exils und der Zeit danach, dessen Worte uns in Jesaja 40–55 erhalten geblieben sind, konnte mit Blick auf die vielen Götter der anderen Völker bereits sagen: »Sieh, sie alle sind nichtig, nichts sind ihre Werke, Wind und Nichts ihre gegossenen Bilder« (Jes 41,29). Und Israels Gott ließ er sagen: »Ich bin der Herr und keiner sonst; außer mir gibt es keinen Gott« (Jes 45,5). Aus Israels Volksgott ist der Völkergott geworden, der jetzt auch keines Eigennamens mehr bedarf, der ihn von anderen Göttern unterscheidet, weil er ja der einzige Herr ist. Die Vorstellung von gleichwertigen Regionalgöttern wurde von dem Gedanken eines einzigen Weltengottes überholt, der andere Götter ausschließt.

Einen kurzfristigen monotheistischen Ansatz gab es bereits im 14. Jahrhundert v. Chr. durch Ägyptens König Echnaton. Israels

Impulse für ein monotheistisches Gottesverständnis darf man wohl eher in der Religion des Zoroaster suchen, in der es so etwas wie eine »monotheistische Doppelspitze« gab, die man als Dualismus bezeichnet.

In der Zeit des Exils und unter der darauf folgenden persischen Herrschaft vollzogen sich der Umbruch vom Henotheismus zum Monotheismus und der Übergang zum Judentum. In dieser Zeit wurden auch die religiösen Texte Israels im Sinne des monotheistischen Gottesverständnisses so überarbeitet, wie sie uns heute im Alten Testament vorliegen.

4.6 Ein ferner Gott braucht vermittelnde Geister

In der Zeit der persischen Oberherrschaft über Palästina drangen auch die iranischen Engelvorstellungen in die Religion des Judentums ein, und zwar nicht als Nachahmung und Übernahme eines Fremden, sondern als Konsequenz des neuen jüdischen Gottesverständnisses.

Der Jahwe der Frühzeit Israels war seinen Verehrern noch räumlich nahe. Das veranschaulichen die ältere Schöpfungsgeschichte in Genesis 2,4ff. und die Erzählung von der Vertreibung aus dem Paradies in Genesis 3. Danach bildete Gott nach der Art eines Töpfers den Menschen mit eigenen Händen aus dem Staub der Erde. Als Gott diesem ersten Menschen *(adam)* eine Hilfe schaffen will, die ihm gemäß ist, misslingt ihm das beim ersten Versuch. Die Tiere, die er ebenfalls aus Lehm bildet und Adam zuführt, erweisen sich als keine ihm gleichwertigen Wesen. Erst beim zweiten Versuch gelingt ihm die Erschaffung der Frau aus einer Rippe des Mannes. Von einem allmächtigen Gott ist hier noch keine Rede, und dieser Jahwe, der mit den Tieren und dem ersten Menschenpaar im Garten Eden wandelt, ist auch nicht allwissend. So weiß Jahwe nicht, dass die beiden von der verbotenen Frucht gegessen hatten, und er muss sie erst rufen und suchen. Ein Gott, der den Menschen noch so nahe ist, braucht noch keine Wesen, die einen Kontakt zu ihnen erst herstellen.

Für König David war Jahwe in der Gestalt der Bundeslade ebenfalls noch recht nah und gegenwärtig, auch als er für die Lade ein Zelt errichtete. Sein Sohn Salomo erbaute den Tempel und überführte die Bundeslade in dessen Allerheiligstes, zu welchem das Volk keinen Zugang mehr hatte. Mit der Errichtung eines Königspalastes und dem Aufbau eines Hofstaates entfernte sich nun auch der König vom Volk und brauchte legitimierte Botschafter, um den Kontakt zu seinen Untergebenen aufrechtzuerhalten.

Religionen entnehmen ihre Anschauungsformen und Symbole für ihre Gottesvorstellungen den Lebensumständen und der Hofhaltung des Herrschers. Mit dem Herrscher und dessen abgeschirmter Hofhaltung rückt auch Gott in eine unzugängliche Ferne. Ein unzugänglicher, ferner und jenseitiger Gott braucht Zwischenwesen, die zwischen der menschlichen und der göttlichen Welt vermitteln. In Zoroasters zweifachem Monotheismus sind die Engel des guten und des bösen Gottes bereits vorhanden. Die neue jüdische Gottesvorstellung konnte sich daran orientieren, musste allerdings einiges verändern.

4.7 Das Problem des Bösen

Das Judentum konnte in seine monotheistischen Gottesvorstellungen wohl die guten Engel des guten Gottes Ahura Mazda integrieren. Einen bösen Gott, der mit seinem Engelheer als Gegenspieler des guten Gottes tätig ist, lässt der konsequente Monotheismus nicht zu. Dennoch existiert Böses in unserer Welt und musste in irgendeiner Weise auf den einen und einzigen Gott zurückgeführt werden.

Im Buch Hiob (1,6–2,7) taucht die Gestalt eines Satans/Teufels auf, aber nicht als Gegengott, sondern in der untergeordneten Rolle eines Anklägers vor dem göttlichen Gericht. Krankheiten, Unheil, Bosheit, Hass und Zwietracht galten zwar in der gesamten Alten Welt als das Werk böser Dämonen, wurden aber weder in Israels Religion noch im Judentum auf eine organisierte göttliche Gegenmacht zurückgeführt.

Das Judentum hat mehrere Erklärungen für die Existenz des Bösen in der Welt gefunden. Hier sei nur jene Erklärung erwähnt, die im Christentum fortwirkte: der Engelsturz, eine Erklärung, die vermutlich griechischen Ursprungs ist. Im Anschluss an eine alte Erzählung in Genesis 6,2 meinte man, dass einige Engel aus der Gemeinschaft mit Gott und aus ihrer Heiligkeit gefallen waren, als sie sich mit menschlichen Frauen sexuell vereinigten und fortan zu Verderbern der Welt und der Menschen wurden. In 1. Chronik 21,1, einem Text, der im 4. Jahrhundert v. Chr. oder später geschrieben wurde, ist von einer Satangestalt die Rede, die als Verführer zum Bösen verstanden wird. Im Judentum zur Zeit Jesu verstand man Satan (oder Mastema) bereits als »Verkörperung des gott- und menschenfeindlichen Prinzips, als Regent aller bösen Geister« (O. Böcher), allerdings nicht als Gegengott.

4.8 Die Engel Gottes

Die Lehren und Mitteilungen über die Engel Gottes nahmen im Judentum zunehmend größeren Raum ein. Die Rolle und die Funktion dieser Mittlerwesen wuchsen im gleichen Maße, in dem man die Jenseitigkeit und Andersartigkeit Gottes gegenüber dieser Welt betonte. Sie wurden als gottnahe Wesen verstanden, deren oberster Herr und Fürst allein Gott ist. Wo man früher Gott am Werk sah, ließ man jetzt Engel seinen Auftrag verrichten. Wurden Adam und Eva nach Genesis 3,23 von Gott aus dem Paradies verwiesen, so tun das in der jüdischen Version die Engel. Im Hain Mamre wird Adam nicht von drei Männern besucht (Gen 18), sondern von drei Engeln, die später sogar als Michael, Gabriel und Raphael identifiziert werden.

Die Engel werden zuständig für alle Bereiche göttlichen Handelns: für Sonne und Sterne, für Jahreszeiten und Jahre, für Luft, Erde, Früchte und Wasser. Sie beobachten das Tun der Menschen und führen darüber Buch. Sie treten im Endgericht als Fürsprecher und als Ankläger auf, sie stehen an der himmlischen Waage und vollziehen die verhängten Strafen. Sie führen die Gerechten ins ewige Leben und stoßen die Bösen in die Scheol, in die äußerste Gottesferne. Sie öffnen am Jüngsten Tag die Gräber und flößen den Toten wieder ihre Seelen ein. Als Schutzengel geleiten sie den Menschen von Geburt an und halten ihn auf gutem Weg. Sie vermitteln den Menschen Gottes Willen und bringen die Gebete vor Gott. Sie schützen Völker und Städte und wehren Dämonen von ihnen ab.

Die Engel bilden nach jüdischer Auffassung einen Kronrat um Gott, so wie Könige und Fürsten einen Beraterstab um sich versammeln. Sie stehen vor Gott, der auf seinem Thron sitzt. Sie lobpreisen Gott, bringen ihm Rauchopfer dar und beten ihn an.

Sie gelten als Geister ohne Leib und nähren sich nur von himmlischem Manna. Sie wurden von Gott zu Beginn der Schöpfung erschaffen und sind unsterblich. Untereinander sprechen sie eine eigene Sprache. Den Menschen erscheinen sie in der Gestalt eines Mannes und von ihrem Gesicht und der gesamten Erscheinung geht ein göttliches Licht aus. Da sie die Luft bevölkern, haben sie selbstverständlich auch Flügel.

4.9 Andere Himmelswesen

Bereits in den ältesten Geschichten des Alten Testaments begegnen uns Mischwesen, die zunächst nicht den Engeln zugerechnet wurden, nämlich Serafim, Kerubim und Räder, ganz unterschiedliche mythologische Wesen und wohl auch ganz unterschiedlicher Herkunft (vgl. 8).

Die *Serafim* sind nach Numeri 21,6ff. geflügelte Schlangen, die einen brennenden Biss haben. Das hebräische Wort *saraph* bedeutet »brennen«. Ungeklärt ist, wie es dazu kam, dass sie zu Hütern von Jahwes Heiligtum wurden. Der Prophet Jesaja beschreibt sie in seiner Vision von Gottes Thron so: »Sechs Flügel hatte ein jeder, mit zweien hielt ein jeder sein Angesicht bedeckt, mit zweien hielt ein jeder seine Füße bedeckt und mit zweien hielt ein jeder sich in der Luft. Und unablässig rief der eine dem anderen zu und sprach: Heilig, heilig, heilig ist der HERR der Heerscharen! Die Fülle der ganzen Erde ist seine Herrlichkeit« (Jes 6,2f.). Über ihre Herkunft gibt es nur Vermutungen. Sie führen zur ägyptischen Uräus-Schlange, der Kobra, die des Königs Feinde durch Feuerspeien vertreibt.

In einer Vision des Propheten Ezechiel (Ez 1 und 10) werden andere Wesen erwähnt, die den Thronwagen Jahwes fahren. Sie werden *Kerubim* genannt und werden als feuerähnlich geschildert. Jeder Kerub hat das Gesicht eines Menschen, eines Löwen, eines Stieres und eines Adlers. Er hat Menschenhände und Menschenfüße und vier Flügel. Der Ursprung der Kerubimvorstellung ist am ehesten in Ägypten zu suchen oder in Mesopotamien, wo Kolosse in Gestalt von Löwen oder Stieren mit Menschengesichtern die Eingänge von Tempeln und Palästen bewachten. Als dienende Wesen halten sie sich um den Thron Gottes auf. Ein Kerub wird auch als Wächter am Eingang zum Paradies eingesetzt (Gen 3,24). Nach Ex 25,18–22 beschützen Kerubim die Bundeslade.

5 Die Engel im frühen Christentum

5.1 Die Evangelien und Paulus

Die junge Christenheit hat ihren Glauben selbstverständlich in den Anschauungsformen der spätjüdischen Kultur zum Ausdruck gebracht. Da fällt es auf, dass in den frühen Glaubenszeugnissen von Engeln kaum die Rede ist. Im ältesten Evangelium, dem des Markus, das vor 70 geschrieben wurde und das die damals umlaufenden Zeugnisse enthält, kommt das Wort »Engel« gar nicht vor. In den Evangelien des Matthäus und des Lukas, die zwischen 80 und 100 verfasst wurden, ist von Engeln, die etwas ankündigen oder deuten, in den Kindheitsgeschichten Jesu und in den Grabes- und Erscheinungserzählungen die Rede. Über das Wesen der Engel erfahren wir allerdings auch darin nichts.

Der Apostel Paulus spricht nur von jenen Engelmächten, die Negatives bewirken. Er bleibt damit im Rahmen der antiken Vorstellung, nach der das Böse durch böse Mächte verursacht wird.

Von den vielen Engelnamen des Spätjudentums werden im Neuen Testament nur zwei erwähnt: Gabriel in Lukas 1 und Michael in Offenbarung 12,7. Serafim und Kerubim sowie Räder kommen gar nicht vor.

5.2 Die Offenbarung des Johannes

Unter allen neutestamentlichen Schriften wird in der Offenbarung/ Apokalypse am häufigsten von Engeln gesprochen. Apokalyptische Schriften stehen in der Tradition einer spätjüdischen Literaturgattung, die ihre Blütezeit vom 3. Jahrhundert v. Chr. bis ins 3. Jahrhundert n. Chr. hatte. Das Buch Daniel, das nach 168 v. Chr. verfasst wurde, gehört dieser literarischen Gattung an. Apokalyptische Schriften entstehen stets in Zeiten, die aus der Sicht ihrer Verfasser Krisenzeiten sind, meist Zeiten politischer Unterdrückung und großer Not. Religiöser Hintergrund apokalyptischer Texte sind Spekulationen über Weltperioden, die in einer Endzeit münden, in der die paradiesische Urzeit wiederkehrt. Auch die biblische Apokalypse ist im Bewusstsein verfasst worden, am Beginn der Endzeit zu stehen, die über ein kosmisches Untergangsspektakel zu einer Neuschöpfung führt. Die Leiden der Gegenwart werden als die erfahrbaren Beweise für den Beginn dieses endzeitlichen Umbruchs gewertet. Die im Neuen Testament enthaltene Apokalypse ist erst sehr spät und nur deshalb in den neutestamentlichen Kanon aufgenommen worden, weil man sie für eine Schrift des Apostels Johannes hielt.

Das Kennzeichen aller apokalyptischen Schriften ist ihre vage Sprache, die mit nur schwer zu entschlüsselnden Symbolen und mit Zahlenspekulationen aufgeladen ist. Diese Sprache ist eng an die Denkmuster und Geheimcodes ihrer Zeit und einer eingeweihten Leserschaft gebunden und bezieht sich auf historische Vorgänge, die heute oft nicht mehr rekonstruierbar sind. So lässt sich auch die neutestamentliche Apokalypse nur mit Vorbehalten den letzten Regierungsjahren des römischen Kaisers Domitian (81–96) zuordnen.

Die Wurzeln der spätjüdischen und auch christlichen Apokalyptik sind in der Religion des Zoroaster zu suchen. Der Kampf zwischen Gut und Böse, der zu einem Endkampf führt, in dem das Böse endgültig vernichtet wird, gehört zu den Grundideen des Zoroastrismus. Seit dem 4. Jahrhundert v. Chr. ist dort auch der Glaube an eine endzeitliche Auferstehung der Toten belegt. Und bei alledem spielen die Engel des guten und des bösen Prinzips eine herausragende Rolle. Die nur im Lukasevangelium vorkommende Vision Jesu: »Ich sah den Satan wie einen Blitz vom Himmel fallen« (Lk 10,18), deutet darauf hin, dass die Vorstellung von Engelmächten lebendig und allgemein plausibel war.

5.3 Der Hebräerbrief

Ebenfalls von Engeln ist im Hebräerbrief die Rede. Das ist ein Text aus den beiden letzten Jahrzehnten des ersten Jahrhunderts, dessen Verfasser und dessen Adressaten mit der jüdischen Kulttradition vertraut, also im spätjüdischen Denken zu Hause waren. Gleich zu Beginn des Schreibens wird Jesus vorgestellt als der Sohn und Erbe und als das Abbild des göttlichen Wesens, »der weit erhabener geworden ist als die Engel« (Hebr 1,4). Und weiter heißt es: »Denn nicht Engeln hat er [Gott] die künftige Welt [...] unterworfen«, aber Christus hat er »alles ohne Ausnahme unterworfen« (Hebr 2,5.7). Christus wird also als der Herr der Engel vorgestellt.

5.4 Funktionen der Engel im Neuen Testament

Mit der gesamten Alten Welt sieht das Neue Testament in den Wirkkräften der Natur gute und böse Geistwesen am Werk. Diese Geistwesen stellt man sich in personaler Gestalt, als real existent und als unsterblich vor. Sie sind aber keine Götter oder Halbgötter, sondern von Gott erschaffene Wesen. Sie wohnen in der himmlischen Welt und verlassen diese nur, um göttliche Aufträge auszuführen. In welchen Funktionen begegnen sie uns Menschen?

Ein *Boten-Engel* kündigt dem alten Zacharias und seiner Frau Elisabet einen Sohn namens Johannes an (Lk 1,11). Gabriel kündigt Maria die Geburt eines Sohnes an (Lk 1,26–33). Ein Engel verkündigte in der Nacht der Geburt Jesu dem Volk »große Freude« (Lk 2,9–12). Ein Botenengel des Herrn fordert Josef auf, die schwangere Maria zu sich zu nehmen (Mt 1,20). Ein Engel drängt ihn im Traum, mit dem gefährdeten Kind nach Ägypten zu fliehen, und als Herodes tot und die Gefahr vorüber ist, fordert ihn ein Engel im Traum auf, mit dem Kind und der Mutter wieder nach Israel zurückzukehren.

Ein *Deute-Engel (angelus interpres)*, bei Markus nur als junger Mann vorgestellt, deutet den Frauen, die zu Jesu Grab gekommen waren, um den Leichnam zu salben, das leere Grab: »Er ist auferweckt worden« (Mk 16,6). Als am vierzigsten Tag nach Ostern Jesus sich den Blicken der versammelten Jünger entzieht, deuten ihnen zwei Engel das Geschehen als die Himmelfahrt Jesu (Apg 1,11).

Helfende Engel greifen in das irdische Geschehen ein. So hat einer den Stein vom Eingang zu Jesu Grab weggewälzt (Mt 28,2), ein anderer hat Petrus zweimal das Gefängnistor geöffnet (Apg 5,12 und 12,7). Hier deuten sich jene helfenden Geister an, die uns bereits im Buch Daniel begegnet sind.

Einen Übergang zu den *bösen Mächten* kann man bereits in jenen Engeln sehen, die beim Endgericht mitwirken (Mk 13 und Offb).

Alle im Neuen Testament erscheinenden Engel repräsentieren die Gegenwart Gottes.

5.5 Die Engel sind Botschaft

Obwohl das Neue Testament die antike Vorstellung von person-haften Geistwesen teilt, wird von Engeln nur sehr zurückhaltend gesprochen. Die Engelspekulationen des zeitgenössischen Juden-tums liegen dem Neuen Testament fern. Engel sind kein Gegen-stand theologischer Spekulationen. Kultische Engelverehrung wird sogar ausdrücklich abgelehnt (Kol 2,18). Der Bibelwissenschaftler O. Böcher fasst zusammen: »Wenn Engel Geburt, Auferstehung und Himmelfahrt Jesu begleiten, machen sie deutlich, dass die Sache Jesu *Gottes* Sache ist.« Die Grundaussagen der Engeltexte interpretieren die Botschaft Jesu. Das Wesen der Engel ist weder ihre überirdische Qualität noch ihr Aussehen, sondern allein ihre Botschaft. Im Evangelium des Lukas werden auch menschliche Bo-ten »Engel« genannt (Lk 7,24; 9,52).

6 Das Engelverständnis in den christlichen Kirchen

6.1 Die ersten Jahrhunderte

Das nüchterne Engelverständnis der ersten Christen war nicht von Dauer. Als die christliche Botschaft in die hellenistische Welt eintrat und Menschen unterschiedlicher religiöser Herkunft sich den christlichen Gemeinden zuwandten, wurden viele Engelvorstellungen des hellenistischen Judentums, der Gnosis und des Neuplatonismus in die Kirche eingebracht.

In den nachbiblischen christlichen Apokalypsen blühten die endzeitlichen Engelspekulationen weiter. Bereits in der Offenbarung des Johannes wurden 23 unterschiedliche Funktionen von Engeln genannt. Die Petrus-Apokalypse, die aus der ersten Hälfte des 2. Jahrhunderts stammt, schildert mit ausschweifender Phantasie bis ins Detail, wie Sünder von Straf- und Folterengeln in 21 unterschiedliche Höllen gezerrt und dort gepeinigt werden.

Die Theologie musste sich mit den Erwartungen jener Menschen auseinandersetzen, die seit dem 4. Jahrhundert in die christlichen Kirchen einströmten und Engelvorstellungen aus ihren Herkunftsreligionen mitbrachten. Man versuchte auf unterschiedliche Weise, das Verhältnis der Engel zu Gott, zu Christus, zur Welt und zu den Menschen zu klären.

Es entstanden viele Entwürfe, gemischt aus den Traditionen der Religion des Zoroaster, des nachexilischen und des zeitgenössischen Judentums, der Gnosis, der Logos-Spekulationen des Neuplatonismus und anderer hellenistischer Kulte. Einig war man sich darin, dass die Engel als geschaffene Geistwesen zu verstehen sind. Eine verbindliche Engellehre existierte bis ins 5. Jahrhundert noch nicht.

6.2 Die Engellehre des Pseudo-Dionysios

Die erste und prägende Engellehre stammt aus der Feder eines Dionysios. Man nannte ihn Dionysios vom Aeropag, weil man lange Zeit meinte, es handele sich um jenen Athener, den Paulus mit seiner Predigt auf dem Aeropag (Apg 17) bekehrt hatte. Das gab seiner Lehre nahezu apostolisches Gewicht. Es zeigte sich aber bald, dass der Verfasser unbekannt ist und um 500 geschrieben hat. Man nennt ihn seither Pseudo-Dionysios vom Aeropag.

Pseudo-Dionysios führte die bis dahin in der Kirche umlaufenden Engelvorstellungen in einem hierarchisch gegliederten neuplatonischen Gesamtkonzept zusammen. Die im Alten Testament erwähnten Serafim, Kerubim und Räder, die aus einer anderen Traditionslinie stammen, erhob er ebenfalls in den Stand von Engeln und kam so zu einer Engelhierarchie, die drei mal drei Engelchöre umfasst.

Die obere Dreiheit (Triade) besteht aus 1. dem Chor der Serafim, 2. dem Chor der Kerubim und 3. dem Chor der Räder. Die oberste Triade steht um den Thron Gottes und ist in unmittelbarer Verbindung nur mit ihm. Sie bringt ihm immerwährende Verehrung dar und singt ihm unablässig das Dreimalheilig (Trishagion). Die Erleuchtungen Gottes gibt sie an die Triade unter ihr weiter.

Die mittlere Triade besteht aus den Chören 1. der Herrschaften, 2. der Kräfte und 3. der Gewalten. Sie sind zuständig für das Geschehen im Kosmos, stehen aber weder mit Gott noch mit den Menschen in direkter Verbindung. Sie leiten aber ihr empfangenes Wissen nach unten weiter.

Die untere Triade setzt sich zusammen aus 1. den Fürstentümern, 2. den Erzengeln und 3. den Engeln. Nur diese drei Chöre der unteren Triade stehen in unmittelbarer Verbindung zu den Menschen. Die Fürstentümer lenken im Auftrag Gottes das politische Geschehen der irdischen Reiche. Als Völkerengel wachen sie über Völker und Städte. Die Erzengel sind die wichtigsten Vermittler zwischen Gott und den Menschen und verantwortlich für das Wohl der ihnen Anvertrauten. Die Engel sind jedem einzelnen Menschen nahe. Diese dreistufige Hierarchie von neun Chören knüpft an die Trinität an und ist später weiter ausgeformt und variiert worden.

6.3 Das orthodoxe Engelverständnis

In der Ostkirche setzte sich die Engellehre des Areopagiten bald durch und wurde von späteren Theologen inhaltlich noch ergänzt und verfeinert. So wurden alle Engel Christus, dem Oberhaupt der gesamten Schöpfung, untergeordnet. Die Engel wurden in das kirchliche Handeln einbezogen, vor allem in die Liturgie und in die Sakramente. Schließlich wurde ihnen die Gottesmutter vorgeordnet. In der Chrysostomos-Liturgie wird ausgerufen, dass Maria »unvergleichlich herrlicher [sei] als die Serafim«. Die Engel nehmen am Leben der Kirche teil und bringen die Gebete der Gläubigen vor Gott. Die Erzengel Gabriel und Michael werden in Engelfesten gefeiert.

6.4 Die Engel im frühen lateinischen Mittelalter

Das frühe Mittelalter blieb zunächst bei den wenigen Aussagen der Bibel und der Kirchenväter zu den Engeln. Eine Zäsur für die Engellehre ergab sich freilich bereits mit dem Jahr 380, als Kaiser Theodosius der Große die christliche Kirche zur alleinigen Reichskirche erhob. Jetzt strömte die heidnische Bevölkerung in die christliche Kirche und suchte auch hier nach den helfenden Geistern ihrer bisherigen Religionen. Die Kirche konnte und musste jetzt eindeutiger reagieren; und sie konnte es, da sie jetzt das Deutungsmonopol in religiösen Fragen besaß. Sie konnte jetzt darüber befinden, wer die Geistwesen sind, denen sich der Mensch der Antike gegenübersah; sie konnte festlegen, wie die Geistwesen aussahen und in welcher Weise sie darzustellen waren; sie konnte auch Vorstellungen zurückweisen, die dem christlichen Glauben nicht entsprachen. Im Kolosserbrief hieß es bereits: »Denn in ihm wurde alles geschaffen, im Himmel und auf Erden, das Sichtbare und das Unsichtbare« (Kol 1,16). Die Kirchenväter hatten das in das Glaubensbekenntnis von Nizäa 325 aufgenommen: »Wir glauben an [...] den Schöpfer alles Sichtbaren und alles Unsichtbaren.« Daraus folgte: Außer Gott gibt es nichts, was von Ewigkeit her ist. Also sind auch die Engel Geschöpfe Gottes und nicht aus ihm hervorgegangen wie die Strahlen aus der Sonne.

Die Kirche legte in einem Konzil von Braga 561 fest, dass die biblisch bezeugten Erzengel Michael, Gabriel und Raphael angerufen, aber nicht angebetet werden dürfen. Papst Gregor der Große übernahm um 600 die Engelhierarchie des Pseudo-Dionysios in die westliche Theologie. Spekulationen über Engel aber gab es lange Zeit nicht. Die setzten erst ein, als im 9. Jahrhundert die ersten lateinischen Übersetzungen der Schriften des Pseudo-Dionysios bekannt wurden.

6.5 Die Engel in der Scholastik

In der christlichen Philosophie und Theologie des Mittelalters (11. bis 13. Jahrhundert) wurde im Zusammenhang mit der Seinslehre vor allem der Seins-Status der Engel diskutiert. Mit den damaligen philosophischen Mitteln erörterte man, wie Engel als ausdehnungslose und geistige Wesen sich in die Gesetzmäßigkeiten der geschaffenen Welt einfügten.

Außerdem war zu klären, wie in einer von Gott geschaffenen guten Welt das Böse in Gestalt des Teufels und seines Engelheeres überhaupt entstehen konnte. Man blieb auf der Linie, die bereits von Augustinus und von der Synode von Braga vorgezeichnet war. Danach sind der Teufel und sein Heer zwar als gute Wesen erschaffen worden, aber aus freiem Willen von Gottes Weg und von seiner Wahrheit abgefallen. Deshalb wurden sie aus dem Himmel verstoßen. So bringen sie Unheil und Verderben über die Menschen. Eine einsichtige Erklärung für diesen Vorgang wurde nicht gefunden.

6.6 Reformation und nachreformatorischer Katholizismus

Bis ins 18. Jahrhundert galt die Existenz von Geistwesen nicht nur im Volksglauben, sondern auch in Theologie und Philosophie als selbstverständlich. Die phantasievollen Spekulationen darüber, wie viele körperlose Engel auf einer Nadelspitze Platz finden könnten, waren nicht nur Auswüchse, sondern Ausdruck des allgemeinen Engelglaubens. Im Volk war vor allem der Glaube an Schutzengel verankert.

Die *Reformatoren* lehnten alle Spekulationen über Engel ab. Sie verwarfen auch die Engellehre des Pseudo-Dionysios. Calvin hielt die Lehre von den Schutzengeln für überflüssig. Verehrung, Anrufung oder gar Anbetung von Engeln wurden abgelehnt, ohne dass die Erfahrung von helfenden Mächten damit bestritten wurde. Luther konnte im Morgen- und im Abendgebet unbefangen formulieren: »Dein heiliger Engel sei mit mir, dass der böse Feind keine Macht an mir findet.« Nach diesem personifizierten bösen Feind warf er der Legende nach sogar mit seinem Tintenfass. Darin konnten ihm die kritischsten Geister seiner Zeit folgen. Gegen dienende oder Schaden stiftende Geister gab es zu jener Zeit keine Einwände.

Der *nachreformatorische Katholizismus* wiederholte noch 1870 auf dem Ersten Vatikanischen Konzil, was bereits das Laterankonzil von 1215 formuliert hatte, nämlich, dass der einzige und wahre Gott »von Anfang der Zeit an aus Nichts zugleich die beiden Schöpfungen geschaffen, die geistige und die körperliche, nämlich die der Engel und die der Welt« (DH 3002).

6.7 Die Zeit der Aufklärung

Das Erste Vatikanische Konzil bestätigte die Existenz von Engeln als Schöpfungswerk Gottes ausdrücklich gegen deren Ablehnung durch die Aufklärung. In England hatte Andrew Willet bereits 1694 die Engelhierarchien für eine papistische Erfindung erklärt und die folgende Aufklärung hatte alle Aussagen über eine Welt des Übernatürlichen infrage gestellt. Friedrich Schleiermacher (1768–1834), der führende protestantische Theologe des 19. Jahrhunderts, verbannte eine gegenständlich verstandene Engellehre ebenfalls aus der christlichen Dogmatik. Er sprach ihr jedwede Heilsbedeutung ab und wertete alle Engelaussagen als symbolische und ästhetische Ausdrucksformen. Das rief in traditionsbewussten Kreisen heftigen Widerspruch hervor.

6.8 Engel und Kult

Die Botschaft Jesu unterschied sich von allen zeitgenössischen Religionen darin, dass sie kultlos war. Angesichts der als nahe erwarteten Endzeit gab es für einen Jesus-Kult weder Anlass noch Zeit. Das änderte sich erst, als die Naherwartung gegen Ende des 1. Jahrhunderts zu erlöschen begann und die Gemeinden sich auf ein Ausharren in dieser Welt einrichteten. Jetzt fing man an, die sonntäglichen Gemeindeversammlungen, die in den Gemeinden des Apostels Paulus noch sehr spontan und turbulent gewesen waren, in kultisch geordnete Feiern umzugestalten. Das Liebesmahl der christlichen Gemeinde wurde aus dem Gottesdienst ausgegliedert. Ein zum Kultmahl erhobener Teil wurde davon abgespalten und in den Gottesdienst integriert. Als sich ab der Mitte des 2. Jahrhunderts ein Priesterstand herausbildete und das Handlungs- und Deutungsmonopol an sich zog, war der Schritt zur Angleichung an die Kultpraktiken der vorchristlichen und außerchristlichen Religionen vollzogen.

Der Gottesdienst der *orthodoxen* Christenheit war schon im 4. Jahrhundert in der Chrysostomos-Liturgie zu einem großartigen Kultdrama ausgebaut worden. Der Idee nach wird dieser Gottesdienst nicht von der Gemeinde gestaltet. Die Gemeinde tritt nur hinzu, denn sie betet, lobt und feiert die Eucharistie in »Konzelebration mit den Engeln« (K. Ch. Felmy). Was im Gottesdienst geschieht, ist durch Engel vermittelt und in deren Lobgesang bereits vorgebildet. Durch die Teilnahme der Engel erhält die kultische Feier der Gemeinde erst ihre überzeitliche Realität.

Auch nach *römisch-katholischem* Verständnis sind Engel die »Träger des überzeitlichen Kultus [...] der den Kult in der Zeit ermöglicht« (M. A. Aris). Das Lob der Engel liegt dem der Menschen logisch und zeitlich voraus. Der Lobpreis der Menschen tritt zu dem der Engel erst hinzu. Die Engel tragen die Gebete zu Gott. Sie bringen auch das in der Eucharistie sich vollziehende Kultgeschehen vor Gottes Angesicht. Dazu heißt es im ersten Hochgebet der römischen Gemeindemesse: »Dein heiliger Engel trage diese Opfergabe auf deinen himmlischen Altar vor deine göttliche Herrlichkeit.« Gegen Ende des zweiten Hochgebets vor der Einsetzung und Wandlung ruft der Priester mit folgenden Worten zum Dreimalheilig (Trishagion): »Darum preisen wir dich mit allen Engeln und Heiligen und singen vereint mit ihnen das Lob deiner Herrlichkeit.«

Die *Reformatoren* versuchten, sich am Gottesverständnis Jesu zu orientieren. Jesus nahm an den Gottesdiensten seiner jüdischen Religion teil und legte dabei auch die Schrift aus (Lk 4,16ff.). Er hat aber zugleich die Kritik der alttestamentlichen Propheten am jüdischen Opferkult aktualisiert und zugespitzt: »Barmherzigkeit will ich und nicht Opfer.« Sein Gottesdienstverständnis ist in dem Satz zusammengefasst: »Denn wo zwei oder drei in meinem Namen versammelt sind, da bin ich mitten unter ihnen« (Mt 18,20). Kern eines an Jesus orientierten Gottesdienstes ist nicht eine Opferhandlung, die das kultische Zentralelement in den meisten Religionen bildet, sondern die Botschaft Jesu. Diese Botschaft artikuliert sich im Wort, und zwar als hörbare Sprache oder als Zeichen in einer sichtbaren Handlung (z. B. Teilen als Ausdruck von gelebter Gemeinschaft).

Der Leiter eines protestantischen Gottesdienstes hat Gott kein Opfer darzubringen, sondern der Gemeinde die befreiende Botschaft Jesu auszurichten. Für Luther besteht christlicher Gottesdienst darin, »dass unser lieber Herr selber mit uns rede durch sein heiliges Wort, und wir wiederum mit ihm reden durch Gebet und Lobgesang«. Gottesdienstliches Geschehen geht stets von Gott aus. Während Luther die römische Messe nur von ihrem Messopfergedanken reinigte, führte Zwingli in Zürich den sonntäglichen Gottesdienst konsequent auf die sakraments- und kultlose Wortverkündigung zurück, auf die Botschaft konzentriert, die uns aus Jesu Wort und Tun entgegenkommt. In protestantischen Gottesdiensten haben Engel als Vermittler keine Funktion. Sie werden weder angerufen noch als Zwischenträger gebraucht noch mit Engelfesten gefeiert. Zu Gottes Bote wird der, der die Botschaft Jesu für seine Hörer verständlich ausrichtet.

6.9 Schutzengel

Interkulturell verbreitet und, unabhängig von der Konfession, im Volksglauben fest verankert ist der Schutzengel. Bereits im 7. Jahrhundert v. Chr. sprach der griechische Dichter Hesiod von »Hütern der sterblichen Menschen«. In späteren Generationen entwickelte sich eine unpersönliche Lebenskraft zum Daimon, einem persönlichen Schutzgeist. Der griechische Komödiendichter Menander (342–291 v. Chr.) sagte von ihm: »Ein Daimon begleitet jeden Menschen von der Geburt an und weiht ihn in die Mysterien des Lebens ein.« Im Alten Testament taucht der Schutzengelgedanke sehr allgemein formuliert in Psalm 91,11 auf: »Denn er wird seinen Boten gebieten, dich zu behüten auf allen deinen Wegen.« Schutzengelgeschichten begegnen uns erst im jüngsten Buch des Alten Testaments, im Buch Daniel, entstanden nach 168 v. Chr. In Daniel 3,46–50 finden wir die Geschichte von der Bewahrung der drei Jünglinge im Feuerofen, und in Daniel 6,20–24 hören wir von der Errettung Daniels in der Löwengrube. Die Geschichte vom Engel Raphael und dem jungen Tobias ist im nachbiblischen Buch Tobit enthalten, das aus dem 2. Jahrhundert stammt.

In Anlehnung an die Funktion des griechischen Gottes Hermes, der als Seelengeleiter (Psychopompos) die Seelen der Verstorbenen ins Jenseits geleitet, heißt es im Neuen Testament in der Geschichte von dem reichen Mann und dem armen Lazarus: »Es geschah aber, dass der Arme starb und von den Engeln in Abrahams Schoß ge-

tragen wurde. Aber auch der Reiche starb und wurde begraben«
(Lk 16,22). Das Geleit ins Jenseits ist hier nur jenen vorbehalten,
die in ihrem Leben nach dem Willen Gottes lebten.

Seit dem 3. Jahrhundert wächst in Ost und West der Glaube
an Schutzengel. Durchgesetzt hat sich im christlichen und auch
im nachchristlichen Abendland die Vorstellung, dass jeder Mensch
von guten Geistern begleitet und geschützt wird. Thomas von
Aquin († 1294) schrieb dem untersten Chor der Engelhierarchie
die Rolle der Schutzengel zu. Im 15. und 16. Jahrhundert nahm die
liturgische Verehrung der Schutzengel derart zu, dass Papst Cle-
mens X. 1670 ein Schutzengelfest für die gesamte Kirche auf den
2. Oktober festlegte.

In christlichem Denken werden die Schutzengel als Ausdruck
dafür verstanden, dass sich Gott um jeden Menschen liebevoll
kümmert. Außerhalb des Gottesglaubens handeln Schutzengel und
Schutzgeister in eigener Vollmacht, aber eben auch zum Wohl der
Menschen.

Der Schutzengelgedanke wurde in der Neuzeit zum Teil zu
einem Kinderglauben degradiert und auch zunehmend auf Kinder
bezogen und nur in Grenzsituationen für Erwachsene aktiviert.
Dieser Schutzengelglaube existiert ungebrochen auch abseits oder
jenseits von jeglicher religiöser Einbindung, selbst in atheistischen
Kreisen. So hat der Schutzengel – meistens mit Flügeln ausgestattet – in säkularisierter Gestalt jenseits der traditionellen Religionen überlebt und in psychologischen Deutungen, in esoterischen
Kreisen, in der Pop-Szene, in Filmen, in der Dichtkunst und in der
Kunst aller Sparten eine neue Heimat gefunden.

6.10 Namen der Engel

Lebenserfahrungen werden oft als Mächte erlebt, die auf uns einwir-
ken. Ungreifbare Mächte verdinglichen sich zu Gestalten, und diese
Gestalten werden zu konkreten Personen, die mit Namen bezeichnet
werden. Im Alten und im Neuen Testament sind nur Gabriel und
Michael mit Namen genannt. Ihnen wurden im Laufe der Jahrhunderte unterschiedliche Aufgaben und Rollen zugeschrieben. Gabriel
überbringt vor allem göttliche Botschaften und deutet Lebenssituationen. Michael führt die Auseinandersetzung mit dem Satan. Er
wird auch in der Endzeit als der Völkerengel um Israel kämpfen

und die Seelen der verstobenen Gläubigen an den bösen Dämonen vorbei sicher in die Welt Gottes geleiten. Bei der Wiederkunft Jesu wird er die Posaune blasen und die Toten zur Auferstehung rufen.

Als Seelengeleiter konnten auch Gabriel und Raphael angerufen werden, der Letztere vor allem als Reisebegleiter und Schutzengel. Uriel, der in der Bibel nirgendwo genannt wird, gilt seit dem Spätjudentum als der vierte der Engelfürsten (Erzengel), die dem Himmelsheer vorstehen.

Im Spätjudentum wurden an besondere Engel Namen vergeben, von denen J. Michl in einer Vorarbeit für einen abschließenden Katalog bereits 269 zusammengetragen hat. Diese vielen Engelnamen hat das Christentum nicht übernommen. Aber auch hier wurden die Engelgruppen zunehmend erweitert, und zwar zunächst über die biblischen Engel Gabriel und Michael hinaus durch Raphael zu einer Dreiergruppe und dann durch Uriel zu einer Vierergruppe von Erzengeln. Mit weiteren Namen ist schrittweise sogar eine Zwölferreihe zusammengestellt worden. Die Verteilung vieler spezieller Rollen auf einzelne Engel hat sich im Christentum aber nicht durchgesetzt. Theologisch weisen alle Boten-, Deute- und Helferfunktionen auf den einen Gott. Im orthodoxen und römischen Volksglauben haben die mit Namen bekannten Heiligen, die man sich konkreter vorstellen und unmittelbarer anreden kann als Engel, die speziellen Funktionen des Helfens übernommen.

6.11 Das gegenwärtige Engelverständnis der Kirchen

Verfall und Auflösung der theistischen Gottesvorstellung in der Neuzeit haben den Engelglauben im Bewusstsein der Menschen nicht ausgelöscht, wohl aber verändert. Im säkularisierten, ja selbst im atheistischen Bewusstsein existieren Geistwesen auch unter der alten Bezeichnung »Engel« weiter. Sie haben aber ihren Kontakt zu einem göttlichen Auftraggeber verloren und agieren als selbstständige Wesen in eigener Regie. Gefragt sind sie weiterhin in der Rolle als Schutzengel. Die theologischen Lehren haben von diesem Sinnverlust noch kaum Kenntnis genommen.

In der *orthodoxen Kirche* hat sich die Engellehre deshalb nicht geändert, weil sie zwar eine Engelhierarchie kannte, aber eine explizite und verbindliche Engellehre nie hatte. Die orthodoxe Liturgie ist aber nach wie vor eine praktizierte enge Kommunikation und Konzelebration mit den Engeln im Sinne der neun Engelchöre des Pseudo-Dionysios vom Aeropag.

Die *römisch-katholische Kirche* hat auf dem Zweiten Vatikanischen Konzil (1962–1965) ihre traditionelle Engellehre im Kern bestätigt. Obwohl schon Augustinus daran erinnerte, dass mit dem Wort »Engel« (Bote) das Amt und nicht die Natur eines Wesens gemeint ist, hat man Engeln doch eine Existenz als Geistwesen zugesprochen. Im Katechismus der Katholischen Kirche (KKK) von 1993, der die offizielle Lehre der Kirche formuliert, beginnt die Engellehre mit dem Satz: »Dass es geistige, körperlose Wesen gibt, die von der Heiligen Schrift gewöhnlich Engel genannt werden, ist eine Glaubenswahrheit.« (KKK 328) Nach lehramtlichem Verständnis ist all das zu glauben (also Glaubenswahrheit), »was im geschriebenen oder überlieferten Wort Gottes enthalten ist und was die Kirche als von Gott geoffenbarte Wahrheit zu glauben vorlegt« (KKK 182). Glaube wird näher definiert als die »Zustimmung des Verstandes und des Willens« (KKK 176) zu den vom Lehramt vorgelegten als von Gott geoffenbarten Wahrheiten. Dieser »Glaube ist heilsnotwendig« (KKK 183). Die Glaubenswahrheit über die Engel mag heute in der Hierarchie der römisch-katholischen Glaubenswahrheiten nicht mehr ganz oben angesiedelt sein, bleibt aber als Glaubenswahrheit dennoch heilsnotwendig.

Was ist von Engeln also zu glauben? Ihrem Wesen nach sind sie Geist, ihrem Handeln nach sind sie Vollstrecker göttlicher Befehle (KKK 329). »Als rein geistige Geschöpfe haben sie Verstand und Willen; sie sind personale und unsterbliche Wesen.« (KKK 330) Das Zentrum der Engelwelt ist Christus. »Sie sind sein, weil sie durch ihn und auf ihn hin geschaffen sind.« (KKK 331) Unentbehrlich sind Engel für die Kirche, denn: »In ihrer Liturgie vereinigt sich die Kirche mit ihren Engeln, um den dreimal heiligen Gott anzubeten.« (KKK 335) Sie bringen nicht nur die Gebete, sondern auch das vom Priester dargebrachte Opfer vor Gott. Schließlich ist auch an die Existenz und an das Handeln des persönlichen Schutzengels zu glauben: »Von der Kindheit an bis zum Tod umgeben die Engel mit ihrer Hut und Fürbitte das Leben des Menschen. Einem jeden der Gläubigen steht ein Engel als Beschützer und Hirte zur Seite, um ihn zum Leben zu führen.« (KKK 336) Der letzte Satzteil, der auf das Leben in der Gemeinschaft mit Gott hinweist, wird im Volksglauben allerdings auf ein störungsfreies irdisches Leben bezogen.

Auch der Teufel und die Dämonen gelten als personhafte Wesen. »Satan oder der Teufel und die weiteren Dämonen waren einst Engel, sie sind aber gefallen, weil sie sich aus freiem Willen weigerten, Gott in seinem Ratschluß zu dienen. Ihre Entscheidung gegen Gott ist endgültig. Sie suchen den Menschen in ihren Aufstand gegen Gott hineinzuziehen.« (KKK 414)

Die *Kirchen der Reformation* stellen gegenüber der orthodoxen und der römisch-katholischen Kirche einen neuen Zugang zum christlichen Glauben und eine neue Ausdrucksform dieses Glaubens dar. Das muss zunächst kurz dargestellt werden, damit das protestantische Engelverständnis nachvollziehbar wird. Die protestantischen Kirchen kennen, brauchen und wollen kein kirchliches Lehramt, das vorlegen und auferlegen könnte, was zu glauben ist. Nach protestantischem Verständnis orientiert sich christlicher Glaube an der Botschaft Jesu, die in den Schriften des Neuen Testaments in der Sprache und in den Denkformen der ersten Jüngergenerationen bezeugt ist. Die biblischen Texte sind keine normativen, von Gott diktierten oder von ihm approbierten Texte, sondern menschliche Zeugnisse von der Botschaft Jesu und von ihrer Wirkung im Leben von Menschen, die sich darauf eingelassen haben. Die Bibel ist nicht deshalb die Leitlinie für den christlichen Glauben, weil sie selbst heilig und von göttlicher Art wäre, sondern weil sie aus dem unmittelbaren Kontakt und den Erfahrungen mit dem Botschafter Jesus von Nazaret dessen Wirken in Wort und Tat authentisch zum Ausdruck bringt. Die protestantische Kurzformel, wonach »allein die Schrift« als Quelle und Norm des Glaubens zu verstehen ist, meint nicht, dass die wörtlichen Bedeutungen der biblischen Formulierungen zu gelten hätten. Das Gewicht der biblischen Texte liegt darin, dass sie in den unterschiedlichen Denkformen der Verfasser auf das eine und entscheidende Offenbarungsgeschehen von Jesu Wirken hinweisen.

Vom Göttlichen lässt sich nicht in direkter Rede wie über einen Gegenstand dieser Welt reden. Religiöse Äußerungen haben in allen Religionen die Gestalt von Symbolen, Metaphern oder Chiffren. Wie diese indirekte Redeweise zu verstehen ist und worauf die Symbole hinweisen, das kann kein Lehramt ein für alle Mal festlegen, das kann nur im Dialog derer herausgefunden werden, die sich mit Hilfe der jeweils besten Methoden um Verstehen bemühen. Diese Aufgabe leistet die Theologie, genauer: die theologische Dialoggemeinschaft. Ihre Sache ist es, die Hinweise auf Gotteswirklichkeit aus den historisch bedingten Sprachzeugnissen der Bibel zu erheben und sie in die Anschauungsformen und Denkmodelle unserer gegenwärtigen Sprache und Zeit zu übersetzen. Protestantische Theologie hat keine Zubringerdienste für bereits feststehende kirchliche Lehren zu leisten; sie hat dem Verstehen der christlichen Botschaft zu dienen, und sei es im Widerspruch zu überlieferten Glaubensformen. Reformatorische Theologie sucht und fordert keinen Gehorsam für ihre Ergebnisse; sie wirbt um das Mitdenken in der Dialoggemeinschaft derer, die sich um die Kerninhalte der Botschaft Jesu bemühen. Evangelische Theologie kennt keine Wahrheiten *ex cathedra*; sie versteht sich als die gemeinsame Suche nach dem angemessenen Verständnis und der geeigneten Ausdrucksform für jene Gotteswirklichkeit, die sich jedem menschlichen Zugriff entzieht, für die wir lediglich offen sein können.

Die Reformatoren haben sich von jeder Form eines für Glaubensfragen normsetzenden Lehramts befreit und die Kompetenz in Glaubensfragen denen anvertraut, die sie von Anfang an hatten, nämlich jenen Menschen, die aus ihrem Glauben leben und diesen Glauben im Rahmen der Möglichkeiten ihrer Zeit reflektieren und artikulieren. In den protestantischen Kirchen wurden in dieser theologischen Dialoggemeinschaft seit dem 17. Jahrhundert historische und sprachliche Methoden entwickelt, die uns helfen, die biblischen Texte in ihrem Hinweischarakter zunehmend besser zu verstehen. Diese Methoden sind sehr kritisch gegenüber einer Einstellung, die in Verkennung religiöser Aussagen darauf beharrt, dass biblische Texte in einem wörtlichen Sinn gegenständlich zu verstehen seien.

Die historisch-kritischen Methoden sind heute die gemeinsame Basis der weltweiten und interkonfessionellen theologischen Dialoggemeinschaft, zu der in der westlichen Welt auch die Mehrzahl der orthodoxen und katholischen Theologen zählt. In dieser Dialoggemeinschaft ist es zum einen Allgemeingut geworden, dass das angemessene Verständnis der biblischen Texte ein nicht abschließbarer Prozess ist, den jede Generation neu zu leisten hat. Da sich unter dem Einfluss der Naturwissenschaften das Verständnis der Welt in der Neuzeit geändert hat und auch weiter ändern wird, ist es zum anderen als notwendig erkannt, dass es jede Generation neu wagen muss, die in den biblischen Zeugnissen erkannte Botschaft Jesu in die Anschauungsformen und in die Sprache ihrer Zeit zu übersetzen.

Was bedeutet das für das Engelverständnis in den Kirchen der Reformation? Die Reformatoren haben sich von einem kirchlich vorgegebenen Engelverständnis verabschiedet. Sie lehnten auch die überkommenen Engelspekulationen einschließlich der Engellehre des Pseudo-Dionysios ab. In der Zeit der Reformation war man zwar noch allgemein von der Existenz von Engeln überzeugt. Der reformierte Zweig der Reformation hat am konsequentesten den Zwang der gegenständlichen Glaubensaussagen abgestreift. Im Streit um das Abendmahlsverständnis hat Zwingli den grundsätzlich symbolischen Charakter der biblischen Sprache ins Bewusstsein gebracht. In traditionellen kirchlichen Strömungen sind auch weiterhin personal-gegenständliche Engelvorstellungen im Gespräch geblieben. K. Barth hat die Engel als Zeugen des Wortes Gottes zu würdigen gewusst. Die Tendenz der theologischen Dialoggemeinschaft ging jedoch in jene Richtung, die bereits im symbolischen Verständnis F. Schleiermachers zum Ausdruck kommt (vgl. 6.7).

Da mit Engeln keine personalen Wesen gemeint sind, kann es weder eine Beschreibung ihres Wesens noch Aussagen über ihren Ursprung geben. Sie können weder Gegenstand theologischer Reflektion noch kultischer Verehrung sein. C. Westermann sagt: »Der Engel kommt ins Sein mit seinem Auftrag, er vergeht mit der Erfüllung seines Auftrags, denn seine Existenz ist die Botschaft.« Engel ist Symbol und Chiffre für die Begegnung mit Gott oder für das Wirken Gottes. Im Bild des Engels bringt die Bibel und bringen wir heute Gotteswirklichkeit zur Sprache, sei es als Geschenk, als Ausdruck von Nähe, als Deutung unseres Lebens oder als Impuls zu einem Neuanfang aus neuem Geist.

7 Vorstellungen und Darstellungen der unteren Engeltriade

7.1 Vorstellungen und Darstellungen als Hinweise

Die menschliche Sprache beruht auf der Symbolfähigkeit des Menschen. Wir sind in der Lage, für einen Gegenstand oder einen Gedanken eine Lautkombination zu setzen, mit der wir uns und anderen diesen Gegenstand oder Gedanken jederzeit vergegenwärtigen können. Die Lautkombination (das Wort) ist Symbol für einen Gegenstand oder Gedanken; sie repräsentiert ihn. Mit Bildern bilden wir Gegenstände ab oder wir stellen Ungegenständliches mit konkret gegenständlichen Symbolen dar. Da es im religiösen Bereich durchweg um nichtgegenständliche Wirklichkeit geht, kann man sagen: Mit der gegenständlich hörbaren Wortsprache stellen wir uns nichtgegenständliche Gotteswirklichkeit *vor,* mit gegenständlich sichtbaren Bildern stellen wir das Nichtgegenständliche *dar.* Vorstellung und Darstellung sind aufeinander bezogen und repräsentieren beide etwas, das über sich selbst hinaus auf ein weder Vorstellbares noch Darstellbares hinweist.

Israels Jahwe-Religion und das daraus hervorgegangene Judentum hat wohl die Wortbilder als Hinweise auf Gotteswirklichkeit geschätzt, aber – im Gegensatz zu ihrer religiösen Umwelt – die gegenständliche Darstellung des Nichtdarstellbaren strikt abgelehnt. Dennoch sind in die religiösen Vorstellungen des Alten Testaments und des Judentums viele Darstellungsformen des Göttlichen aus den benachbarten Religionen eingegangen, die nach einer Latenzperiode im Christentum wieder sichtbar geworden sind.

7.2 Christentum und Bilderverbot

Die christlichen Gemeinden übernahmen zunächst das Bilderverbot des Alten Testaments. Da man im 1. Jahrhundert das Ende dieser Weltzeit erwartete und die Christen in den ersten drei Jahrhunderten im Untergrund lebten, keine eigenen Räume hatten und keine Belege für ihre Existenz liefern durften, war es für sie gar nicht aktuell, ihre religiösen Vorstellungen auch bildnerisch darzustellen. Unter Eingeweihten benutzte man im 3. Jahrhundert alteingeführte

Symbole wie Schafträger, Orpheus, Taube mit Ölzweig, Fisch und Anker als unauffällige Symbole für Christus. Erst als Kaiser Konstantin der Große (306–337) die Christenverfolgungen beendete und der Christenglaube in den Rang einer anerkannten Religion gehoben wurde, konnten die Christen auch Kirchen bauen und sich öffentlich zu ihrem Glauben bekennen. Da sich nach christlichem Verständnis Gott in Jesus von Nazaret selbst sichtbar gemacht hatte, sahen sich die Christen auch legitimiert, in gegenständlichen Darstellungen auf die nichtgegenständliche Gegenwart und Wirklichkeit Gottes hinzuweisen. »Und wer mich sieht, der sieht den, der mich gesandt hat« (Joh 12,45). Die Bilddarstellungen haben insofern symbolischen Charakter, als sie zwar gegenständlich sein müssen, aber das, worauf sie hinweisen, nicht zum Gegenstand machen. In der zweiten Hälfte des 3. Jahrhunderts entstanden in versteckten Katakomben erste eindeutig christliche Bilder.

7.3 Die ersten Engeldarstellungen: Männer

Die Darstellung der Engel in ihren Grundtypen entwickelte sich zwischen dem Ende des 3. und dem 6. Jahrhundert. Auf den ältesten Bildern werden Engel als Männer dargestellt. Bekleidet sind sie mit Tunika/Sticharion, einem knöchellangen Untergewand, und Pallium/Himation, einem Manteltuch, das um den Oberkörper geschlungen wird und dessen Ende über die linke Schulter lose herabfällt. Abb. 1 zeigt den Engel, der nach Numeri 22,21–31 dem Propheten Bileam den Weg versperrt, als einen bärtigen Mann. Das Bild stammt aus der Mitte des 4. Jahrhunderts. Im 5. Jahrhundert sind bärtige Engel kaum mehr zu finden.

Von Beginn an werden Engel auch als bartlose junge Männer dargestellt, zunächst noch ohne Nimbus und ohne Flügel (Abb. 2). Der Typus des bartlosen jungen Mannes hat sich durchgesetzt. In patriarchalischen antiken Gesellschaften war der oft anstrengende und gefährliche Botendienst selbstverständlich Sache kräftiger junger Männer.

7.4 Die Engel erhalten Nimben

Der Nimbus (volkssprachlich: Heiligenschein, lat.: Wolke/Nebel), als runde und goldene Scheibe hinter dem Haupt, kennzeichnete bereits in der vorchristlichen Antike die Götter, Halbgötter, göttlichen Menschen und Heroen. Als Kennzeichnung des göttlichen Wesens der Engel ist der Nimbus seit der ersten Hälfte des 5. Jahrhunderts nachzuweisen. Abb. 3 stellt den Besuch der drei Männer im Hain Mamre bei Abraham dar. Das Mosaik ist im Langhaus der Kirche Santa Maria Maggiore in Rom zu finden und stammt aus der Zeit um 430. Die drei Männer sind bartlos, aber bereits durch einen Nimbus hervorgehoben, freilich noch ohne Flügel. Im oberen Teil des Bildes ist der mittlere Engel von einer Aureole umschlossen, einem großen Nimbus. Die Göttlichkeit der drei Männer wird durch die auffallend rote Gesichtsfarbe gekennzeichnet, die das göttliche Leuchten zum Ausdruck bringt und von den menschlichen Gestalten Abraham und Sara unterscheidet. Den Nimbus legten die Engel erst im Barock wieder ab, als sie sich zu Frauengestalten wandelten.

7.5 Die Engel erhalten Flügel

Das göttliche Leuchten, das von Engeln ausgeht, wurde schon früh auch durch weiße Gewänder zum Ausdruck gebracht. Mit dem Nimbus und der Aureole kam das direkte Symbol der Göttlichkeit hinzu. Etwa zur gleichen Zeit erhielten die Engel auch ihre Flügel, mit denen ihre Allgegenwart als göttliche Boten symbolisiert wurde.

In der Alten Welt waren Flügel allenthalben das Symbol der Schwerelosigkeit, das auf ein überirdisches Wesen hindeutete. In der griechischen Mythologie wurde der Götterbote und Seelengeleiter Hermes mit geflügelten Schuhen oder mit einem geflügelten Reisehut dargestellt. Im Alten Ägypten galt die geflügelte Sonnenscheibe als das Symbol des Göttlichen. Die geflügelte Scheibe war auch die Verkörperung der sumerisch-assyrischen Sonnengötter Schamasch und Aschur. Daraus wurde in der persischen Religion das Bild des geflügelten Gottes Ahura Mazda entwickelt (Abb. 4). Das Flügelsymbol gab es in der Antike bereits in vielen Varianten. Die konkrete Darstellung der geflügelten christlichen Engel geht wohl auf das Vorbild der griechisch-römischen Siegesgöttin Nike/ Victoria zurück, die in der gesamten hellenistischen Welt in vielen Ausgestaltungen gegenwärtig war und deren Kult in der römischen Kaiserzeit, die 31 v. Chr. mit der Herrschaft von Kaiser Augustus begann, besonders gepflegt wurde (Abb. 5).

Die Göttin Nike/Victoria ist Götterbotin und verkörpert den Sieg in der Schlacht, im musischen oder sportlichen Wettkampf und auch vor dem Gericht. Das V-Zeichen (für Victoria) ist bis heute das Zeichen des Sieges oder der Hoffnung auf den Sieg. Die Nike, obwohl weiblich, gilt hinsichtlich ihrer Darstellung als die Vorläuferin der christlichen Engel, die über viele Jahrhunderte in männlicher Gestalt vorgestellt wurden.

Das Flügelsymbol konnte von den Christen erst Ende des 4. Jahrhunderts übernommen werden, nachdem sie das Religionsmonopol erhalten hatten; denn erst jetzt konnte es nicht mehr für eine fremde Gottheit stehen. Der Schritt von den ungeflügelten zu den geflügelten Engeln ist in der Kirche Santa Maria Maggiore in Rom zu sehen. Während die Engel im Langschiff noch keine Flügel haben (Abb. 3), sind sie in dem nur wenig später entstandenen Triumphbogen der Kirche zusätzlich zu ihren weißen Gewändern, ihren rotleuchtenden Gesichtern und dem Nimbus auch noch mit Flügeln ausgestattet (Abb. 6). Ein Verkündigungsengel fliegt hier sogar auf die sitzende Maria zu. Vier weitere Engel flankieren ihren Thron. Im Laufe der Entwicklung wurden die Flügel immer prächtiger ausgestaltet.

7.6 Die Sphaira

Weißes Gewand, Nimbus, Aureole, rote Gesichtsfarbe und Flügel kennzeichnen das Überirdische und Göttliche der Engel. Die Sphaira/kosmische Kugel, die der Engel meistens in der linken Hand trägt, umschreibt den Wirkungs- und Handlungsraum der Engel, nämlich den gesamten Kosmos einschließlich des Himmels.

Die Sphaira als die vollendete unendliche Kugel war bereits in der vorchristlichen Antike das Symbol für die göttliche Herrschaft. In der Hand der Engel drückt sie aus, dass die Engel in der gesamten Schöpfung göttliche Handlungsvollmacht haben und im Auftrag Gottes tätig werden können.

Die Sphaira wird durchweg wie ein gläsernes Meer dargestellt und oft mit einem X, dem Zeichen für Christus, oder mit dem griechischen Christus-Monogramm IC XC versehen (Abb. 7). Das Sphaira-Symbol wurde bereits früh für die Erzengel reserviert.

In der christlichen Kunst hat sich das Sphaira-Symbol in einer Reihe von Abkürzungen erhalten: als Halbkugel, auf der Christus thront, in den Bogenformen der Kirchenarchitektur, als Apsis-bogen, als Triumphbogen und in entsprechend geformten Kir-chenportalen, in der Mandorla, die eine ganze Gestalt umschließt. Ebenso ist ein zweidimensionaler Baldachin über einem Thron die Abbreviatur einer Sphaira im Sinne eines Herrschaftszeichens.

7.7 Der Stab

Der Stab war in vielen alten Kulturen ein Zeichen für Macht, Herrschaft und Würde. Er gehörte zu den Insignien der Könige und seiner Beauftragten. Hermes trug als Bote der Götter einen Heroldsstab. Seit dem 5. Jahrhundert tragen auch die Engel einen Stab (gr. *rhabdos*), der sie als von Gott Bevollmächtigte ausweist (Abb. 8). Diese von Gott verliehene Vollmacht gilt für die Bot-schaften, die sie überbringen, und für ihre Handlungen. Der Stab kann in der Spitze als Kreuzstab ausgeformt sein und weist auf die Vollmacht hin, die in Christus gründet. Unter westlichem Einfluss werden auch Lilienstäbe gestaltet.

Beim Symbol des Stabes klingen alte magische Vorstellungen an. Als Mose von Gott dazu berufen wurde, sein Volk aus Ägyp-ten herauszuführen, erhielt er einen Stab, mit dem er die Wunder zur Errettung seines Volkes vollbringen konnte: »Diesen Stab aber nimm in deine Hand, mit ihm wirst du die Zeichen tun« (Ex 4,17). Seit dem 5. oder 6. Jahrhundert gehört der Stab auch zu den Voll-macht- und Herrschaftsinsignien des Bischofs. Selbst im säkularen Bereich hat sich im Stab des Marschalls und des Dirigenten das Machtsymbol erhalten.

7.8 Diadem und Haarband

Das Diadem oder der Diadem-Reif im Haar der Engel ist eben-falls ein altes Herrschaftssymbol, das der Nike/Victoria-Tradition entstammt. Das Band im Haar, dessen Enden gleichsam im Wind flattern, deutet auf die Mobilität der schnellen Gottesboten hin (Abb. 9).

7.9 Die Clavi

Die Clavi sind Zierstreifen unterschiedlicher Breite und Farbe, die von der Schulter bis zum Saum auf beiden Seiten des antiken Untergewandes eingearbeitet waren. Sie waren Rangabzeichen des kaiserlichen Hofes, und sie sind auch in den Engelgewändern als Zeichen der Vollmacht des Trägers zu verstehen. Auf der Abb. 9 sind sie deutlich zu erkennen.

7.10 Die Gesten der Engel

Mit den Gesten der Engel werden deren Funktionen zum Ausdruck gebracht. Als Akklamation gilt die auf das Gegenüber gerichtete geöffnete Hand. Als Geste des Segnens, des Verkündigens und der Botschaft wird die Hand zum Gegenüber hin erhoben. Daumen, Zeigefinger und Mittelfinger bleiben gestreckt, die beiden anderen Finger werden gekrümmt (auf Abb. 6 zu erkennen). Dazu gibt es auch Varianten. Emporgehobene Hände sind stärkster Ausdruck von Trauer und Klage. Stärker verinnerlicht drückt sich Trauer aus, wenn der Kopf geneigt, in die rechte verhüllte Hand gelegt und von der Linken gestützt wird.

7.11 Engel als Liturgen

Der Gottesdienst der christlichen Gemeinde wurde bereits im 4. Jahrhundert als Teilhabe an der himmlischen Liturgie der Engel und als eine Konzelebration mit den Engeln verstanden. Den Priester sah man an der Stelle Christi handeln. Die Diakone, die im Gottesdienst assistierten, verstand man als die Abbilder der Engel. Die antike Welt stellte sich das Heilige gegenständlich vor. So wurden auch die liturgischen Geräte als gegenständlich heilig angesehen. Es galt als Ausdruck der Verehrung des Heiligen, das Verehrte nicht mit bloßen, sondern mit verhüllten Händen zu berühren.

Das *Verhüllen der Hände* unterstreicht die Geste der Verehrung. Deshalb werden Engel nicht nur in Verehrungshaltung, sondern oft auch mit verhüllten Händen dargestellt (Abb. 10). Sie verhüllen ihre Hände mit dem Obergewand oder mit einem Mandylion-Tuch, das mit einem Kreuz geschmückt ist. Diese Geste kommt aus dem Zeremoniell der persischen, römischen und byzantinischen Höfe.

Da nach orthodoxem Verständnis die Engel im Gottesdienst der Gemeinde anwesend sind, werden sie in *Gewändern von Diakonen* auch vergegenwärtigt. Der Diakon trägt das oft verzierte Untergewand (Tunika/Sticharion) und das Orarion, ein breites Band, dessen Ende über die linke Schulter vorn herunterhängt (Abb. 11 und 12).

Im liturgischen Geschehen sind die Engel für den Einsatz von *Weihrauch* zuständig. Deshalb werden sie in ihrer liturgischen Funktion oft mit dem Weihrauchgefäß dargestellt, das an Ketten hängt (Abb. 11). Weihrauch war in allen alten Mittelmeerkulturen verbreitet. Er sollte beim Totenkult den Verwesungsgeruch zurückdrängen und wurde auch zur Abwehr böser Geister und zum Schutz vor Ansteckung eingesetzt. Im Hofzeremoniell diente er zur Ehrung von Personen. In diesem Sinne wurde er auch im Kaiserkult zur Verhüllung der Gottes- oder Kaiserabbildungen verwendet. Während der Christenverfolgung unter Kaiser Decius von 250 mussten alle römischen Bürger als Zeichen ihrer Kaiserverehrung vor dem Kaiserbild Weihrauch auflegen.

Die Christen mieden den Weihrauch in ihren Gottesdiensten wegen seiner Verwendung in den heidnischen Kulten, übernahmen ihn im Osten ab dem 4. Jahrhundert und im Westen etwas später aber doch. Zunächst ging es um die Verbesserung der Luft, aber auch um den Ausdruck von Festfreude. Später begann man auch den Altar zu räuchern und bei der Eucharistiefeier die Gaben aus dem Bereich des Alltäglichen herauszuheben und zu segnen. Die Vorstellung, dass die Gebete im Rauch zu Gott aufsteigen und von den Engeln zu ihm gebracht werden, sicherte den Engeln einen festen Platz in der Liturgie.

In Darstellungen der himmlischen Liturgie sehen wir Engel, die *Fächer* bewegen. Mit dem liturgischen Fächer (gr.: *rhipidion*/lat.: *flabellum*) werden die eucharistischen Gaben vor Sonneneinwirkung geschützt und befächelt, um Insekten fernzuhalten (Abb. 12 und 13). Die Fächer symbolisieren Kerubim und Serafim und sind daher oft mit deren Bildern geschmückt. Sie galten im Alten Orient generell auch als Insignien der Herrschaft.

7.12 Weitere Engel-Attribute

Die Funktionen der Engel werden durch Gegenstände dargestellt, die für Tätigkeiten stehen.

Prächtige Gewänder, die dem kaiserlichen Hofzeremoniell entsprechen, bringen die herrschaftlichen Aufgaben der Engel zum Ausdruck.

Das *Schwert* war von der Antike bis ins Mittelalter die Waffe des direkten Kampfes. Der Erzengel Michael führt es als Anführer des Engelheeres im ständigen Kampf gegen die Mächte des Bösen (Abb. 14).

Desgleichen ist die *Lanze* in der Hand der Erzengel das Symbol dafür, dass sie den Teufel und sein Heer in Schach und in der Hölle sicher eingeschlossen halten (Abb. 15).

Die *Rüstung,* die Michael nach dem jeweiligen Stand der Waffentechnik gegeben wird, ist in gleicher Weise der Ausdruck für seinen Kampf gegen das Böse (Abb. 16).

Mit der *Posaune* wird Michael die Auserwählten aus den Gräbern rufen und sie zum Jüngsten Gericht sammeln. Die Posaune war mit ihrem lauten Ton das Signalinstrument der Alten Welt. So ist Michael mit der Posaune der Verkünder der endzeitlichen Ereignisse (Abb. 17).

Die Erzengel gelten als die Seelengeleiter der Verstorbenen und als deren Retter im Endgericht, denn sie tragen die Seelen vor Gott und zu Christus (Abb. 18). Die Gestalt des Seelengeleiters ist in vielen alten Kulturen bekannt. Bei den Griechen galten Hermes und Apoll als Seelengeleiter (Psychopompos), bei den Römern Merkur, bei den Germanen die Walküren. Auch die Juden kannten Engel als Seelengeleiter ins Paradies (Abb. 19).

Der Erzengel Michael hält und überwacht auch die *Seelenwaage* im Endgericht und achtet darauf, dass der Satan für seine Seite kein Gewicht erschwindelt (Abb. 20).

Als apokalyptischer Reiter auf einem rot glühenden Flügelpferd erscheint Michael zum Endkampf mit dem Satan. Er trägt bereits die Krone des Siegers. Seine Waffen sind, außer der Posaune, die Lanze in der Linken, mit der er den Satan zu Boden zwingt, und das Rauchfass und die Heilige Schrift in der Rechten (Abb. 21). Sein Sieg ist endgültig. Er steigt vom Himmel in den Abgrund hinab und legt den Satan, die alte Schlange, in Ketten (Abb. 22).

Abb. 1:
Engel aus der Bileamgeschichte (Num 22,21–31).
Mitte des 4. Jahrhunderts, Katakombe an der Via Latina in Rom.

Abb. 2:
Deuteengel
im unteren Drittel eines Elfenbeinreliefs
aus der Zeit um 400.

Abb. 3:
Die drei Männer/Engel bei Abraham im Hain Mamre.
Mosaik im Langhaus von Santa Maria Maggiore in Rom,
zwischen 430 und 440.

Abb. 4:
Die geflügelte Sonnenscheibe in der Gestalt des Ahura Mazda.
Relief in Persepolis, Iran.

Abb. 6:
Verkündigung an Maria mit geflügelten Engeln.
Triumphbogen von Santa Maria Maggiore in Rom.

Abb. 5:
Die Siegesgöttin Nike von Samothrake.
Frühes 2. Jahrhundert v. Chr.

Abb. 7:
Detail aus einer griechischen Ikone des Erzengels Michael
aus dem 17. Jahrhundert.

Abb. 8:
*Engel mit Sphaira und
Kreuz in der Rechten und
Stab in der Linken.
Elfenbeinplatte,
Konstantinopel,
6. Jahrhundert.*

Abb. 10:
Engel in Verehrungshaltung mit verhüllten Händen.
Detail aus einem byzantinischem Elfenbeinrelief des 10. Jahrhunderts.

Abb. 9:
Engel aus einem Apsismosaik in der Basilika von Poreč/Kroatien.
2. Hälfte des 6. Jahrhunderts.

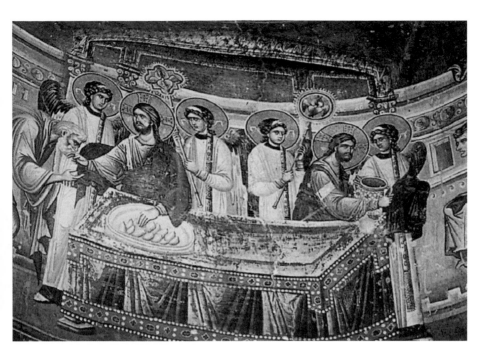

Abb. 12:
Apostelkommunion mit Engeln und Diakonen.
Fresko in der Apsis der Kirche von
Staro Nagoričino/Mazedonien, 1316/18.

Abb. 11:
Liturgische Kleidung eines Diakons.

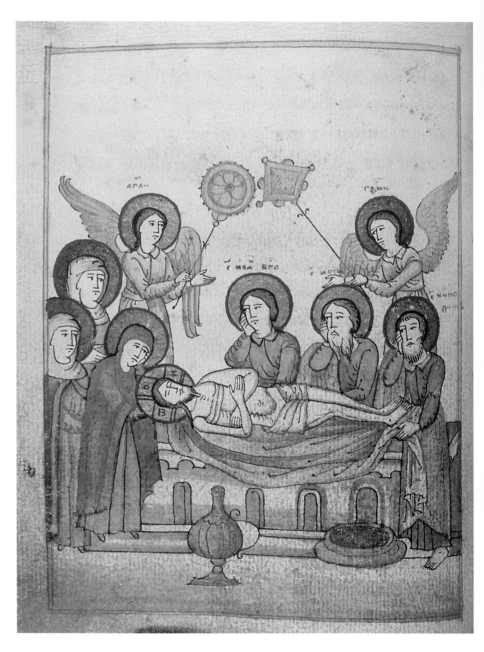

Abb. 13:
Beweinung Christi mit fächelnden Engeln.
Russische Handschrift nach 1784.

Abb. 14:
Der Erzstratege Michael.
Russisch, Ende des 16. Jahrhunderts.

Abb. 15:
Detail aus einer Miniatur zur Offenbarung 12,7–10
aus der »Bamberger Apokalypse«, Reichenau um 1020.

Abb. 16:
*Erzengel Gabriel in der Rüstung seiner Zeit.
Emaille-Ikone aus Konstantinopel, Anfang des 11. Jahrhunderts.*

Abb. 19:
Ein Engel, als »angelus bonus« bezeichnet,
geleitet eine Verstorbene ins Paradies.
Malerei in der jüdischen Vibiagruft Roms.
Erste Hälfte des 4. Jahrhunderts.

Abb. 20:
Der Erzengel Michael mit der Seelenwaage.
Altartafel aus Katalonien,
13. Jahrhundert.

Abb. 21:
Michael als apokalyptischer Reiter.
Russisch, 19. Jahrhundert.

Abb. 22:
Michael legt Satan in Ketten.
Russische Miniatur,
Ende des 16. Jahrhunderts.

8 Vorstellungen und Darstellungen der oberen Engeltriade

8.1 Die mittlere Triade

Über die Vorstellung und Darstellung der mittleren Engeltriade ist nur wenig Konkretes zu erfahren. Die Engel dieser Triade sind zwar denen der unteren Triade vorgesetzt und sie spielen auch als Vermittler der göttlichen Willenskundgebungen an diese eine Rolle. Sie haben aber keinen unmittelbaren Kontakt zu den Menschen. Wenn sie – selten genug – dargestellt werden, so tragen sie Gewänder wie die Engel der unteren Triade.

8.2 Die Serafim

Nach der Engelhierarchie des Pseudo-Dionysios zählen die Serafim, die Kerubim und die Räder zur oberen Triade. Sie bewegen sich um den Thron Gottes und sind als lobende und dienende Wesen allein auf Gott bezogen. Die Ikonographie der Serafim und Kerubim ist nicht nur in Ost und West verschieden, sondern auch innerhalb der Ostkirche instabil. Eine Anschauung der Serafim erhalten wir nur aus der Vision des Jesaja (6,2–3). Danach haben sie sechs Flügel und ein Menschengesicht. Mit den Flügeln bedecken sie Hände und Füße. Obwohl ihr Name »Serafim« die Brennenden, die Erglühenden, die Flammenden bedeutet, was die Farbe rot nahelegte, wurden sie zunächst blau dargestellt, in der Symbolfarbe für die Sphäre der Luft. Die Zahl sechs galt in der Antike als eine kosmische Zahl. Sie bezeichnete die vier Weltgegenden und das Oben und Unten, drückte also das Vollkommene aus. Es mag sein, dass die Serafim wegen ihrer sechs Flügel in der Engelhierarchie an die erste Stelle gesetzt wurden (Abb. 23).

8.3 Die Kerubim

Eine Anschauung der Kerubim geht auf die Vision des Propheten Ezechiel zurück (Ez 1,4–28 und 10,1–17). Sie werden dort als Wesen mit vier Flügeln und vier Gesichtern geschildert, dazu mit Menschenhänden und Huffüßen. Die vier Gesichter sind: ein

Menschengesicht, ein Löwengesicht, ein Stiergesicht und ein Adlergesicht. »Ihr Aussehen war wie das brennender Feuerkohlen« (Ez 1,13). Diese Bemerkung scheint den Kerubim in der Darstellung ihre rote Farbe eingetragen zu haben. Im Westen hat man sich auf die Farbe blau geeinigt (Abb. 24). Aber auch in der Ostkirche können die Farben der Kerubim wechseln.

8.4 Die Räder

Den dritten Engelchor, der unmittelbar auf Gott bezogen ist, bilden die Räder. Sie werden zusammen mit den Kerubim in der Vision Ezechiels so beschrieben: Sie »waren gemacht, als wäre ein Rad mitten im anderen Rad« (Ez 1,16). Sie konnten sich nach allen Seiten und nach oben und unten bewegen. Außerdem: »Ihre Felgen waren ringsum voller Augen« (Ez 1,18). Auch mit Flügeln waren sie ausgestattet. Der Abt Theodor von Studion (759–826), der die Engellehre und die Christologie der orthodoxen Kirche zur Einheit verschmolzen hat, sah in diesen Rädern den Thronwagen Gottes (Abb. 25).

8.5 Mischformen

Da die unterschiedlichen Beschreibungen der Serafim und Kerubim in den Visionen des Jesaja und Ezechiel nicht voll übereinstimmen, werden sie auch unterschiedlich dargestellt. Die Offenbarung des Johannes greift die alttestamentlichen Visionen auf und fügt ihr weitere Varianten hinzu. In Offenbarung 4,6b–8 werden die Kerubim zwar mit vier Gesichtern, aber nicht mit vier, sondern mit sechs Flügeln beschrieben. Außerdem rufen sie »heilig, heilig, heilig«, also jenen Lobgesang, der in der Vision des Jesaja die Serafim kennzeichnet. Sie sind hier auch rundum mit Augen ausgestattet, was für die Serafim bei Jesaja nicht gilt. Diese Vermischung von Traditionen und Gestalten ist in der Antike normal. Es gibt daher keine eindeutige Ikonographie der Serafim und Kerubim, sondern viele farbliche und grafische Varianten, die nur durch die Beschriftung kenntlich gemacht werden (Abb. 26, 27, 28).

Eine Mischform, die zu einer Art Typus geworden ist, begegnet uns in der Gestalt des tetramorphen (viergestaltigen) Kerub mit sechs Flügeln, die mit Augen besetzt sind. Diese Gestalt wird auf Rädern stehend dargestellt. Damit sind die oberen drei Engelgruppen in einer Gesamtdarstellung zusammengeführt (Abb. 29).

Abb. 24:
Kerub.
Zellenschmelz auf
Goldgrund.
San Marco in Venedig,
um 1100.

Abb. 23:
Seraf mit sechs Flügeln.
Reliquienkästchen aus dem 11. Jahrhundert.
Kloster St. Maurice/Agaunum, Schweiz.

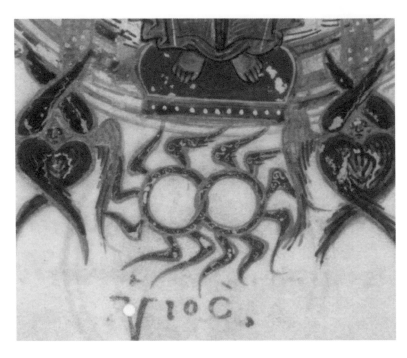

Abb. 25:
Räder.
Detail aus einer byzantinischen Handschrift
aus der 2. Hälfte des 12. Jahrhunderts.

Abb. 26:
Gottesmutter flankiert links von sechsflügeligen
Kerubim und rechts von blauen Serafim, definiert
durch die Beschriftung.
Russische Ikone, 17. Jahrhundert.

Abb. 27:
Roter sechsflügeliger feuriger Kerub mit nur einem Gesicht.
Detail aus einer nordrussischen Ikone des 17. Jahrhunderts.

Abb. 28:
Serafim und Kerubim, beide sechsflügelig und beide blau und beide mit nur
einem Gesicht. Nur durch die Beschriftung unterschieden.
Deckenmosaik aus dem Dom von Cefalù/Sizilien, 12. Jahrhundert.

Abb. 29:
Tetramorpher
sechsflügeliger
Kerub auf
geflügelten Rädern
stehend.

9 Wandlungen des Engelverständnisses

9.1 Das erste Jahrtausend

Das Engelverständnis der Christenheit ist aus den alttestamentlichen Vorgaben hervorgegangen und mit Vorstellungen aus der religiösen Umwelt entwickelt worden. Die Typologie der Darstellungen entstand zwischen dem 3. und dem 6. Jahrhundert und blieb in Ost und West mit nur unwesentlichen Veränderungen bis ins 12. Jahrhundert stabil. In der orthodoxen Kirche entwickelten sich zwar regional unterschiedliche Malstile, aber die Ikonographie der Engel blieb bis in die Gegenwart erhalten. Im Osten kamen noch einige Themen hinzu. Im Westen hingegen veränderte sich ab der Gotik das Verständnis von den Engeln und in der Folge auch deren Darstellung.

9.2 Die Engel verändern ihr Geschlecht

Bis ins 12. Jahrhundert hatten die Engel die Gestalt von Männern. Sie konnten bis ins 4. Jahrhundert auch Bärte tragen, wurden dann aber als bartlose junge Männer dargestellt. Die Männlichkeit wurde nicht betont, galt aber in einer patriarchalischen Gesellschaft für göttliche Boten als selbstverständlich. Der Erzengel Michael hat in seiner Funktion als Kämpfer seine Männlichkeit nicht abgelegt. Im Westen begann aber der Verkündigungsengel Gabriel bereits im 13. Jahrhundert zu lächeln und nahm weichere Züge an (Abb. 30). Seit dem 14. Jahrhundert wurde er zunehmend weiblich dargestellt, und zwar zunächst mädchenhaft (Abb. 31) und ab dem 15. Jahrhundert und im Barock als voll entwickelte Frau (Abb. 32). Die Engeldarstellungen richteten sich fortan nach den Schönheitsidealen der Zeit.

9.3 Die Engel werden zu irdischen Wesen

Bis in die Gotik wurden die religiösen Bilder zweidimensional dargestellt. Damit wurde ausgedrückt, dass die Inhalte nicht von irdischer Art, sondern göttlichen Wesens und göttliche Botschaften sind. Mit der Renaissance wurden die Bilder dreidimensional und perspektivisch. Sie erhielten damit irdische Gegenständlichkeit. Um den überirdischen Charakter des Dargestellten zu erhalten, haben einige Maler die Engel entkörperlicht dargestellt, nämlich mit einem nur angedeuteten Unterleib (Abb. 33). In dieser Zeit begann man auch den Nimbus perspektivisch als gegenständliche Scheibe darzustellen, oder man ließ ihn ganz weg.

9.4 Die Engel werden verkindlicht

Parallel zur Verweiblichung und zur Vergegenständlichung der Engel zeigt sich seit 1400 auch eine Tendenz, sie zu verkindlichen (Abb. 34). Th. Sternberg sieht darin »eine Angleichung an liturgische Dienste«. Die niederen liturgischen Hilfsdienste waren bis dahin von erwachsenen Männern wahrgenommen worden. Bereits im Mittelalter wurden diese Ministrantendienste auf Knaben übertragen. Damit wurden auch Kinder liturgiefähig und in die mit den Engeln gefeierte Messe einbezogen. Kinderengel, die bereits in gotischen Darstellungen auftauchen, übernehmen jetzt die liturgischen Funktionen der Engel und werden zunächst wie diese gekleidet.

9.5 Die Engel werden säkularisiert

Bereits in der Frührenaissance fallen die Hüllen der Kinderengel und sie werden nackt im Stil der antiken Eroten dargestellt. Diese Puttenengel erfreuen sich im Barock (1600–1750) großer Beliebtheit. Sie bevölkern die Kirchengewölbe, umschweben Kanzeln und Altäre, bleiben also zunächst noch in religiöse Aussagen eingebunden (Abb. 35). Aber schon im Rokoko (ab 1730) übernehmen sie in Gestalt geflügelter nackter Knaben als Amor und Cupido ganz irdische Aussagen zu Liebe, Begehren, Sexualität, Glück und sinnlichen Lebensfreuden. Berninis Plastik »Verzückung der heiligen Theresa« in der Kirche Santa Maria della Vittoria in Rom lässt an Eindeutigkeit keine Wünsche offen (Abb. 36).

9.6 Die Engel werden umfunktioniert und verkitscht

Es verwundert nicht, dass besonders die Kinderengel aus dem religiösen Kontext gelöst und ohne Bruch in der Darstellung zu kleinen Kupplern und Intriganten in erotischen Angelegenheiten umfunktioniert wurden (Abb. 37). In der letzten Phase dieses Enteignungsprozesses wurden und werden sie zu Werbezwecken und als Versatzstücke in der Popkultur in jeder nur denkbaren Weise verkitscht (Abb. 38).

9.7 Die Schutzengel – eine besondere Gattung

Der Schutzengel ist erst in den letzten Jahrhunderten zum populärsten Engel aufgestiegen. Ihm kommt heute zugute, dass er historisch weder in der Bibel verankert ist noch in seinem Gehalt als spezifisch christlich bezeichnet werden kann.

Der Gedanke eines persönlichen Schutzgeistes ist bereits in den ältesten Kulturen vorhanden. Er verkörpert in einer undurchschaubaren Welt die menschliche Sehnsucht nach Schutz, Bewahrung, Geleit und Führung. Ein geflügeltes, überirdisches Wesen bringt dafür zwei wichtige Voraussetzungen mit. Die Flügel gewährleisten, dass es an jedem Ort schnell anwesend sein kann, und die Flügel können schützen. Das zeigt jede Vogelmutter, die ihren Küken unter ihren Flügeln Schutz gibt.

Im Alten Ägypten hat der Schutzengelgedanke schon früh Gestalt gewonnen. Eine um 2410 v. Chr. entstandene Plastik stellt dar, wie der falkengestaltige Schutzgott Horus seine Flügel schützend um den Pharao Neferefre legt (Abb. 39). In die Rolle der Schützenden ist besonders die Gottesmutter Isis hineingewachsen. Auf ihrem Standbild zu Sais gibt sie sich in einer Inschrift mit ihren zehntausend Namen als allgegenwärtig zu erkennen. »Ich bin alles, was war, was ist und was sein wird.« Der Isiskult setzte sich in der Zeit der Perserherrschaft (ca. 530–330 v. Chr.) im gesamten Mittelmeerraum durch. In der folgenden hellenistischen Zeit wurden die meisten griechischen und römischen Göttinnen mit Isis gleichgesetzt. Im gesamten syrisch-palästinensischen Raum, auf Zypern und in Nordafrika hat man Skarabäen gefunden, die Isis als Schutzgöttin darstellen und vergegenwärtigen.

Weder im Alten noch im Neuen Testament spielen Schutzengel eine besondere Rolle. Der Gläubige weiß sich in der Hand Gottes und nicht in der eines Engels. Er weiß sich auf gutem Weg, sofern er sich von Gottes Geist leiten lässt. Er weiß sich im Leben und im Sterben geborgen in dem Gott, dem er sein Leben verdankt. Ein

Schutzengel erscheint diesem Gottesverständnis nur aufgepfropft. Ein Schutzengel gar, der in eigener Regie agiert, ist ihm fremd. Dennoch sind in Zeiten der Verfolgung oder einer Krise auch in der christlichen Kultur Schutzengelvorstellungen lebendig geworden, und Schutzengel wurden als Helfer Gottes angerufen und verehrt, vor allem der Erzengel Michael.

Der Schutzengel, der den Einzelnen auf seinem persönlichen Lebensweg begleitet und leitet, hat in dem Maße an Popularität gewonnen, in welchem seit der Renaissance das Individuum aufgewertet und zum Mittelpunkt wurde. Leitbild und Vorbild für viele Schutzengel-Darstellungen wurde in der westlichen Christenheit der Erzengel Raphael, der sich des jungen Tobias annimmt (Abb. 40). 1670 wurde sogar ein Schutzengelfest (2. Oktober) in den Universalkalender der römisch-katholischen Kirche aufgenommen.

Im Volksbewusstsein verengte sich der Schutzengelglaube zunehmend zu einer Art Garantie für das persönlich erwünschte Wohlergehen und besonders zu einem Unfallschutz für Kinder. In dieser säkularisierten Gestalt lebt der Schutzengelgedanke auch außerhalb des religiösen Kontextes als der Glaube an hilfreiche Geister ungebrochen fort. Das Schutzengelmotiv, das auch in seiner verkitschten Form noch menschliche Sehnsucht auszudrücken vermag, wird als Spielmaterial von der Werbung aller Branchen ausgebeutet und damit am Leben erhalten. So kann es auch von der Popkultur und von New-Age-Managern für die eigenen Botschaften instrumentalisiert werden. Der Schutzengelgedanke kann wie eine universale Leerformel als Transportmittel für Botschaften beliebiger Art benutzt werden.

In die orthodoxe Kultur Russlands ist das Schutzengelmotiv um 1600 über das katholische Polen eingesickert, aber nicht besonders heimisch geworden. Erzengelikonen bleiben selten. Im Gegensatz zu der inflationären Schutzengelproduktion des Westens in den beiden letzten Jahrhunderten blieb die Ikonenmalerei gegenüber dem Schutzengelmotiv zurückhaltend. Sie zeigt auch keine Tendenzen, dieses Motiv zu banalisieren, zu verkindlichen, zu sentimentalisieren und zu verkitschen.

Abb. 30:
Verkündigung an Maria.
Kathedrale zu Reims, 1252–1275.

Abb. 31:
Musizierende weibliche Engel von Antonio di Duccio
in Perugia, um 1458.

Abb. 32:
Weiblicher Engel von Bernini.
Sakramentskapelle der Peterskirche
in Rom, 1674/75.

Abb. 33:
Engel auf den Oberkörper reduziert.
Fresko von Giotto di Bondone.
Arena-Kapelle in Padua, zwischen 1304 und 1313.

Abb. 34:
Muttergottes in der Rosenlaube
mit musizierenden Kinderengeln.
Stefan Lochner um 1450.

Abb. 35:
Die gelangweilten Kinderengel auf der Brüstung im Vordergrund der
»Sixtinischen Madonna« machen kaum mehr eine religiöse Aussage.
Sie sind zum Element für die Tiefendimension des Bildes geworden.
Raffael, 1513/14.

Abb. 36:
Verzückung der heiligen Theresa von Gianlorenzo Bernini.
Kirche Santa Maria della Vittoria, Rom, um 1645.
Der als Cupido halbverkleidete Knabenengel hebt mit
eindeutigem Lächeln das Gewand der Nonne an und zielt
mit seinem Liebespfeil auf den Schoss der Heiligen.

Abb. 37:
Amor von E. M. Falconet, 1775.

Abb. 38:
Geflügelte Kinderköpfe für Backwerk und Pralinen.

Abb. 39:
König Neferefre vom geflügeltem
Horos beschützt.
5. Dynastie (2450 – 2321 v. Chr.).

Abb. 40:
Raphael und Tobias.
Ignaz Günther, 1763.

10 Engel auch in unserem Leben: einige persönliche Gedanken

Es ist eines, ganz allgemein über Engel zu reden. Es ist ein anderes, *von* Engeln zu reden, nämlich ganz persönlich von einer Botschaft, die uns erreicht und vielleicht verändert hat. Aber welche Engelbotschaft erreicht uns noch, und wie erreicht sie uns?

Die Engel, die als persönliche Wesen, als Boten Gottes zu uns kommen, sind eingebunden in die überkommene Vorstellung, dass es einen persönlichen Gott gibt, der sich um uns kümmert und der über seine Engel mit uns im Kontakt bleibt.

Unser Verständnis von der Welt und damit auch unser Verständnis von Gott und vom christlichen Glauben hat sich im letzten Jahrhundert dramatisch verändert. Heute glaubt gerade noch jeder Dritte an einen persönlichen Gott und in der jüngeren Generation tut das kaum noch jeder Vierte.

Man sollte meinen, dass mit dem Glauben an einen persönlichen Gott auch der Glaube an Engel schwindet. Das ist aber nicht der Fall. Denn obwohl bei uns nur noch eine Minderheit an einen persönlichen Gott und Schöpfer der Welt glaubt, glauben mehr als die Hälfte der Deutschen an Engel, und zwar auch viele Gottesleugner und Agnostiker.

Wie soll man das verstehen?

Lassen Sie uns nüchtern vorab einige Tatbestände festhalten.

Ein Erstes: Engel sind älter als die christliche Religion. Sie sind ein Erbe aus vorchristlichen Kulturen und Religionen, und sie leben auch noch jenseits und abseits von Religion weiter.

Ein Zweites: Überirdische Geister, Zwischenwesen aller Art drücken in allen Kulturen und Religionen etwas aus. Sie sagen: Wir Menschen sind im weiten Kosmos nicht allein. Wir sind Kräften und Mächten ausgeliefert, über die wir nicht verfügen. Wir sind von vielen Kräften und Mächten abhängig. Diese Mächte stellte man sich früher als personale Wesen oder als mythologische Gestalten vor. Heute sprechen wir von natürlichen Kräften, von psychischen Kräften und von sozialen und politischen Kräften, in die wir eingebunden sind. Engelwesen waren und sind stets ein Ausdruck für etwas. Sie stehen für etwas, was sie nicht selber sind.

Ein Drittes: Engel sind in erster Linie sprachliche Gebilde, sprachliche Vorstellungen, mit denen wir etwas zum Ausdruck bringen, was sich direkt nicht benennen lässt, weil es nicht von gegenständlicher Art ist. Von Nichtgegenständlichem kann man nur in Symbolen und Metaphern sprechen, das heißt in poetischer Form.

Das führt uns unmittelbar zu der Frage: Wovon reden wir eigentlich, wenn wir von Engeln reden? In welchen Zusammenhängen tauchen Engel auf und wann kommen sie ins Spiel?

Menschen erzählen, dass sie von Engeln bewahrt worden sind: zum Beispiel im Krieg, auf der Flucht, bei einem Verkehrsunfall. Es heißt dann: »Ich muss wohl einen Schutzengel gehabt haben.«

Es fällt auf, dass nur jene Menschen von ihren Schutzengeln sprechen, die einer Gefahr entkommen sind, also überlebt haben.

Da muss man schon fragen: Was müssten uns jene Menschen erzählen, die in eben diesen Gefahren umgekommen sind: in den Bombennächten, in der Winterkälte von Stalingrad, in einem Tsunami, bei einem Erdbeben, durch eine Atomexplosion? Müssten sie uns nicht von bösen Dämonen erzählen, von denen sie in den Tod gerissen wurden?

Die Vorstellung von einem persönlichen Schutzengel hat offenbar nur für jene einen Sinn, die davongekommen sind. Mit dem Gedanken eines Schutzengels bringen wir unsere Verwunderung darüber zum Ausdruck, dass wir noch leben. Und es schwingt wohl auch Dankbarkeit mit.

Wofür also steht der Engel, selbst wenn er nicht so genannt wird?

Wenn betagte Menschen zusammenkommen, blicken sie auf ihre Lebenswege zurück. Sie sprechen über Familie, gemeinsame Bekannte, Beruf und Gesundheit. Auf einer Tagung traf ich einen Bekannten aus meiner Studienzeit. Als wir zum Thema Gesundheit kamen, erzählte er mir: »Vor etwa 20 Jahren habe ich wie jedes Jahr einen Gesundheits-Check machen lassen. Mein alter Hausarzt fasste die Untersuchungsergebnisse so zusammen: alle gemessenen Werte altersgemäß im grünen Bereich. Kein Hinweis auf eine Störung. Als er mich verabschiedete, fügte er wie nebenbei hinzu: An Ihrer Stelle würde ich noch eine Biopsie machen lassen. Wie-

so, fragte ich erschrocken, haben Sie einen bestimmten Verdacht?
Nein, sagte er, es ist nur eine Empfehlung.

Ich ließ die Gewebeprobe machen, obwohl sie mir überflüssig schien. Das Ergebnis: aggressiver Krebs – sofortige Operation! Statistische Lebenserwartung ohne Operation nach damaligem Wissensstand: etwa drei Jahre. Das also war vor zwanzig Jahren. Das sind heute schon siebzehn geschenkte Jahre.«

Er schloss: »Mein Hausarzt war mein Schutzengel. Er war damals schon über achtzig Jahre alt und hatte nur noch wenige Patienten.«

Rudolf Otto Wiemer hat diese Art von Engeln mit einem schlichten Gedicht so in unser Blickfeld gebracht:

Es müssen nicht Männer mit Flügeln sein,
die Engel.
Sie gehen leise, sie müssen nicht schrein,
oft sind sie alt und hässlich und klein,
die Engel.

Sie haben kein Schwert, kein weißes Gewand,
die Engel.
Vielleicht ist einer, der gibt dir die Hand,
oder er wohnt neben dir, Wand an Wand,
der Engel.

Dem Hungernden hat er das Brot gebracht,
der Engel.
Dem Kranken hat er das Bett gemacht,
und er hört, wenn du ihn rufst, in der Nacht,
der Engel.

Er steht im Weg und er sagt: Nein,
der Engel,
groß wie ein Pfahl und hart wie ein Stein –
es müssen nicht Männer mit Flügeln sein,
die Engel.

Es müssen noch nicht einmal Personen sein, die Engel. Manchmal sind es Worte. Und sie müssen noch nicht einmal einen religiösen Inhalt haben.

Ich bin in einem kleinen Dorf aufgewachsen. Mit zehn Jahren musste ich in die Kreisstadt, um das Gymnasium zu besuchen. Zum Abschied sagte mir mein Vater: »Bis jetzt hast du immer unter den vielen Augen einer großen Familie gelebt. In einer Familie achten alle aufeinander, was sie tun, und sie korrigieren einander. Du wirst jetzt niemanden haben, der nach dir sieht. Für das, was du tust, bist du jetzt ganz allein verantwortlich. Überlege dir also bei allem, was du anfängst sehr genau, wohin es führt.«

In der Kreisstadt kam ich in eine Familie, hatte dort eine Schlafstelle und wurde auch verpflegt, so gut das in den Kriegszeiten eben ging. Mit meinen zehn Jahren kam auch ich zum Jungvolk. Unsere wöchentlichen Dienstnachmittage fanden in einem alten Haus mit dicken Mauern statt. Über den Fenstern des großen Raumes waren rundum noch verblasste Schriften zu sehen. Als wir in der Schule mit Latein anfingen, erkannte ich, dass es lateinische Inschriften waren. Erst später erfuhr ich, dass dieser Raum zur alten Lateinschule der Stadt gehört hatte.

Die unverständlichen Worte hatten aber doch meine Neugier geweckt, und so schrieb ich nach und nach ab, was ich entziffern konnte. Das brachte ich meinem Lateinlehrer, der sich sichtlich freute. Vieles konnte er sogar ergänzen und übersetzen. Ein Satz prägte sich mir sofort ein: Quidquid agis, prudenter agas, ac respice finem. Frei übersetzt: »Was immer du tust, tu es klug bedacht und bedenke, wohin dich deine Entscheidung führt.« Das war ja genau das, was mir mein Vater gesagt hatte, nur schöner ausgedrückt.

Dieses alte lateinische Sprichwort, eine schlichte menschliche Lebensweisheit, ist mir zu einem zuverlässigen Wegbegleiter geworden. Nicht nur in der Schulzeit; erst recht in den Turbulenzen der letzten Kriegsmonate und nach Kriegsende in den Verfolgungen durch Tschechen und in einem langen Jahr als Zwangsarbeiter.

Kann ein Wort zum Engel werden?

Letzten Advent erhielt ich einen Brief, dessen Absender mir fremd war. Er enthielt ein Foto mit fünf strahlenden Gesichtern. Ein Ehepaar und drei erwachsene Kinder waren zu sehen. Das Gesicht der Mutter kam mir bekannt vor. Die Absenderin stellte sich als meine Konfirmandin aus der Mitte der 60er-Jahre vor. Sie schrieb: »Zu meiner Konfirmation haben Sie mir ein Wort des Apostels Paulus auf den Weg gegeben: ‹Lass dir an meiner Gnade genügen; denn meine Kraft ist in den Schwachen mächtig› (2. Korinther 12,9). Mit meiner Berufsausbildung bin ich in die wirren Jahre der 68er-Bewegung hineingeraten, in eine Zeit, in der sich alle Maßstäbe aufzulösen schienen. In dieser Zeit wurde mir dieses Wort zu einer Art Leuchtturm, an dem ich mich in allem Durcheinander orientieren konnte. Und ich tue es noch heute. Meine Kinder sagen mir, dass dieses Wort von den Schwachen gar nicht zu mir passe, weil sie mich nicht als schwach, sondern als stark erleben. Ja, ich habe viel Kraft für die Familie und auch für andere. Aber ich weiß auch, dass ich diese Kraft nicht aus mir selber habe, sondern dass sie mir jeden Tag geschenkt wird. Für dieses Geschenk möchte ich offen bleiben.«

In diesem Brief ist mit keinem Wort von einem Engel die Rede. Er erzählt dennoch in nüchterner Alltagssprache von einem Gottesboten, nämlich einem Bibeltext, der ein Leben begleitet hat. Ein für ein Kind noch kaum verständliches Bibelwort hat sich in einem Leben als ein vermittelndes Element zur Gegenwart Gottes erwiesen. Es war wie das Leuchtfeuer für die Seeleute der zuverlässige Orientierungspunkt an Weggabelungen eines Lebens. Mehr noch: Es hat nicht nur den Blick für die eigenen Möglichkeiten und Grenzen freigehalten, es war auch wie der unaufdringliche Hinweis zu einer Quelle der Kraft und der Liebe.

Der Soziologie Peter. L. Berger hat vor zwei Generationen eine Studie unter dem Titel »Auf den Spuren der Engel« veröffentlicht. Darin stellt er fest: »Heute ist Transzendenz als sinnhafte Wirklichkeit, die auch zur Alltagswelt gehört, für die Mehrheit der Gesellschaft nicht mehr vorhanden [...] Die Menschen scheinen ganz gut ohne sie auszukommen.« Er fordert in diesem Buch seine Zeitgenossen dazu auf, sich nach den Zeichen der Transzendenz in unserer natürlichen Umwelt umzusehen. In einer Zeit, in der Gott für viele allenfalls noch ein Gerücht ist, gilt es, jene Zeichen in unserem Leben wahrzunehmen, die über die natürliche Wirklichkeit hinausweisen.

Was aber weist denn darüber hinaus? Alles oder gar nichts! Das liegt an der Perspektive und an der Wahrnehmungsfähigkeit des Betrachters.

So kann man etwa die Geburt eines gesunden Kindes als das Normale und als das Selbstverständlichste von der Welt hinnehmen. Man kann es aber auch bei aller biologischen Natürlichkeit als ein Geschenk verstehen, das es zu pflegen gilt und auf das man mit Dankbarkeit antworten kann.

Transzendenz und Gotteswirklichkeit berühren uns nicht nur dann, wenn die Dinge nach unseren Wünschen und Vorstellungen gut gehen. Wo waren oder sind die Engel, wenn ein Kind mit Behinderungen zur Welt kommt oder durch Krankheit oder Unfall irreparabel geschädigt bleibt?

Diese Frage entsteht nur, wenn wir das Symbol der Engel in kindlicher Weise als Garantie für ein nach unseren Wünschen störungsfreies Leben missverstehen. Auch im Unglücksfall berührt uns Transzendenz oder Gotteswirklichkeit.

Und der Engel als Botschaft erweist sich darin, ob ich mir die Kraft schenken lasse, das, was ich nicht ändern kann, als zu mir gehörend anzunehmen und auf dieser Basis zu einem erfüllten Leben zu finden.

Ich weiß nicht, ob ein so schwer Contergan-geschädigtes Kind wie Thomas Quasthoff und seine Eltern an Engel gedacht haben, als sie gegen alle Erfahrung seinen Weg zum Sänger bejahten und förderten.

Ich kenne aber mehrere Menschen, die mit und trotz schwerster Kriegsverwundungen zu einem erfüllten Leben gefunden haben und dabei vielen anderen zu lebendigen Gottesboten wurden.

Und wie ist das mit dem Herzinfarkt und der Krebserkrankung, die uns aus einem tätigen und auf Ziele gerichteten Leben herausreißen? Geht es jetzt nur um die schnelle Reparatur oder werden in diesem Geschehen auch die Fragen hörbar, die im Alltagsgeschehen so leicht untergehen: Wofür lebe ich? Was ist wichtig? Wofür möchte ich meine Zeit nutzen? Und wäre das der Engel, wenn in der Stille des Krankenzimmers eine innere Stimme mir sagte: Du musst dein Leben ändern – deinen Lebensstil, deine Einstellung zu dir selbst, zu deinem Tun und zu den Menschen mit dir?

Viele Lebenssituationen haben nichts Dramatisches an sich. Dennoch werden uns ständig Entscheidungen abverlangt:

- ob wir unserer Selbstsucht nachgeben
  oder wir uns auf ein Handeln aus dem Geist der Liebe einlassen;
- ob wir noch die kleinste Gelegenheit zu unserem Vorteil nutzen
  oder auch bedenken, was unser Tun für andere bedeutet;
- ob wir unsere Interessen durchsetzen wollen
  oder ob wir von der Gemeinschaft her denken, die auch uns trägt.

Entscheidungen dieser Art können wir bewusst wahrnehmen oder bewusst ausschließen. Nehmen wir solche Entscheidungen nicht wahr, so haben wir allerdings auch jene Dimension ausgeschlossen, für die die Engel stehen.

Das, was uns täglich an Liebe widerfährt und zufällt, können wir dankbar als Geschenk verstehen: den Partner, die Familie, die Freunde, die Gesprächspartner, die Gesundheit, das Auskommen, die politische Freiheit, den Frieden.

Wir können das alles aber auch als selbstverständlich hinnehmen, so als stünde es uns zu. Dann werden uns auch keine Engel begegnen. Dann wird unser Diesseits eben keine Transzendenz haben.

Als Dietrich Bonhoeffer auf seine Hinrichtung wartete und die kalte Gewalt des Diesseits ihn zu erdrücken drohte, da rief er den Seinen zu:

Von guten Mächten wunderbar geborgen
erwarten wir getrost, was kommen mag.
Gott ist bei uns am Abend und am Morgen
und ganz gewiss an jedem neuen Tag.

An den Grenzen unseres Lebens kommen wir ohne Symbole und Bilder für das Größere, das uns umgibt, nicht aus. Ob diese Symbole religiös oder säkular, alt oder neu sind, spielt keine Rolle. Sie alle weisen auf jene uns umgreifende Wirklichkeit hin, die von den Philosophen Transzendenz und von Christen Gott genannt wird.

100

Diese Symbole sagen uns: In diesem uns unverfügbaren Umgreifenden sind und bleiben wir geborgen. Diese Botschaft hat viele Stimmen. Wer sie hört, dem werden sie zu Engeln, die als Botschaft kommen, durch sie wirken und mit ihr vergehen.

Bild- und Textnachweis

Abb. 1: akg images / André Held
Abb. 2: Relief: Auferstehung und Himmelfahrt Christi, Inv.-Nr. MA 157,
   sog. Reidersche Tafel © Bayerisches Nationalmuseum
Abb. 3: akg-images / Andrea Jemolo
Abb. 4: IAM / akg
Abb. 5, 28, 34: akg-images
Abb. 6: akg-images / Nimatallah
Abb. 7, 8, 10, 13, 14, 17, 19, 20, 21, 22, 23, 24, 26, 27, 29, 31, 32:
   Archiv EMB-Service, Adligenswil
Abb. 9: Foto: Renzo Kosinozic
Abb. 11: Verlagsabteilung des Moskauer Patriarchates
Abb. 12: Foto: Ivan Bentchev
Abb. 15: Staatsbibliothek Bamberg, Msc. Bibl.140, fol.30v (Foto: Gerald Raab)
Abb. 16: bpk / Scala
Abb. 18: © The British Library Board. Lansdowne 383, f. 168v
Abb. 25: ÖNB / Wien Cod. suppl. gr. 52, fol. 1v.
Abb. 30: akg-images / Stefan Drechsel
Abb. 33: akg-images / Cameraphoto
Abb. 35, 36: akg-images / Erich Lessing
Abb. 37: L'Amour menaçant / Falconet Etienne Maurice (1716–1791)
   © RMN-Grand Palais (Musée du Louvre) / Hervé Lewandowski
Abb. 38: Glanzbild 7315. Mit freundlicher Genehmigung der Ernst Freihoff GmbH
Abb. 39: Foto: Jürgen Liepe
Abb. 40: Mit freundlicher Genehmigung der MMK Marianische Männer-
   kongregation am Bürgersaal zu München. Foto: Erzbischöfliches Ordinariat
   München, Hauptabteilung Kunst

Zitat S. 96: Rudolf Otto Wiemer, Es müssen nicht Männer mit Flügeln sein; aus:
   Rudolf Otto Wiemer, Der Augenblick ist noch nicht vorüber, Kreuz Verlag,
   Stuttgart 2001 © Rudolf Otto Wiemer Erben, Hildesheim
Zitat S. 100: Dietrich Bonhoeffer, Widerstand und Ergebung
   © 1998, Gütersloher Verlagshaus, Gütersloh, in der Verlagsgruppe Random
   House GmbH

Weitere Bücher von Helmut Fischer

Musste Jesus für uns sterben?
Deutungen des Todes Jesu
2008, 78 Seiten, Paperback
ISBN 978-3-290-17469-9
CHF 14.80 - EUR 9.80 - EUA 10.10

Haben Christen drei Götter?
Entstehung und Verständnis der Lehre
von der Trinität
2008, 120 Seiten, Paperback
ISBN 978-3-290-17497-2
CHF 18.00 - EUR 11.80 - EUA 12.20

Schöpfung und Urknall
Klärendes für das Gespräch zwischen Glaube
und Naturwissenschaft
2009, 144 Seiten, Paperback
ISBN 978-3-290-17513-9
CHF 20.00 - EUR 12.80 - EUA 13.20

Gemeinsames Abendmahl?
Zum Abendmahlsverständnis der großen
Konfessionen
2009, 78 Seiten, Paperback
ISBN 978-3-290-17532-0
CHF 15.00 - EUR 9.80 - EUA 10.10

Einheit der Kirche?
Zum Kirchenverständnis der
großen Konfessionen
2010, 160 Seiten, Paperback
ISBN 978-3-290-17550-4
CHF 20.00 - EUR 12.80 - EUA 13.20

Christlicher Glaube – was ist das?
Klärendes, Kritisches, Anstöße
2011, 166 Seiten, Paperback
ISBN 978-3-290-17614-3
CHF 20.00 - EUR 12.80 - EUA 13.20

Der Auferstehungsglaube
Herkunft, Ausdrucksformen,
Lebenswirklichkeit
2012, 138 Seiten, Paperback
ISBN 978-3-290-17635-8
CHF 20.00 - EUR 13.80 - EUA 14.20

T V Z

Theologischer Verlag Zürich
www.tvz-verlag.ch